中小学信创教育配套实践丛书

中学信息科技

主　编：钱柳松　楼程伟
副主编：郑理新　楼正栋
参编人员：（排名不分先后，按照姓氏笔画排序）

邬尹乐　杜志刚　吴跃胜　陈文武　金生良

金宇欣　金　敏　周圣韬　徐敬生　滕俊芬

电子工业出版社
Publishing House of Electronics Industry
北京·BEIJING

内容简介

本书是中小学信创教育配套实践丛书的中学信息技术部分,由国产桌面操作系统基础、数据处理、图像处理、音频处理、视频处理、Python 开发环境搭建、物联网与人工智能应用开发七个单元组成。本书以解决读者生活中的实际问题为出发点,精心设计了一系列贴近生活的学习任务,力求使读者掌握使用国产计算机处理生活中常见问题的能力。

本书由金华市中学信息技术教育一线的名师、骨干教师基于信息技术课程教学体系编写,完全适合信息技术课程教学和信息教育试点实际需求,可以用于学生教学实践参考,也可用于教师教学参考。

未经许可,不得以任何方式复制或抄袭本书之部分或全部内容。
版权所有,侵权必究。

图书在版编目(CIP)数据

中学信息科技 / 钱柳松,楼程伟主编 . —北京:电子工业出版社,2023.5
ISBN 978-7-121-45373-1

Ⅰ.①中… Ⅱ.①钱… ②楼… Ⅲ.①计算机课—中学—教材 Ⅳ.① G634.671

中国国家版本馆 CIP 数据核字(2023)第 060854 号

责任编辑:左 雅
印   刷:北京市大天乐投资管理有限公司
装   订:北京市大天乐投资管理有限公司
出版发行:电子工业出版社
　　　　　北京市海淀区万寿路 173 信箱　　　邮编:100036
开   本:787×1092　1/16　　印张:7.5　　字数:120 千字
版   次:2023 年 5 月第 1 版
印   次:2023 年 5 月第 1 次印刷
定   价:45.00 元

凡所购买电子工业出版社图书有缺损问题,请向购买书店调换。若书店售缺,请与本社发行部联系,联系及邮购电话:(010)88254888,88258888。
质量投诉请发邮件至 zlts@phei.com.cn,盗版侵权举报请发邮件至 dbqq@phei.com.cn。
本书咨询联系方式:(010)88254580,zuoya@phei.com.cn。

序　言

在中小学信息技术通识教育中引入国产龙芯计算机和国产 Linux 操作系统具有重要意义。目前中小学计算机教室和 STEAM 教育基本上都是基于国外技术平台的 Wintel 体系（Intel 的 X86 CPU+ 微软的 Windows 操作系统）和 AA 体系（ARM 的 CPU+Android 操作系统），成为国外垄断企业的"培训班"。在这两个西方国家垄断的生态体系之外，中国的信息产业发展必须要建设一个独立的自主可控的技术体系，这也是中国 IT 产业的根本出路。经过本世纪以来二十多年的努力，国产 CPU 的性能已经接近国际主流水平，我国信息产业正在迎来改革开放以来前所未有的大变局，我国自主信息产业发展的关键着力点已经从产品性能转向应用生态的培育。

孩子们喜欢探索和创造，他们与生俱来的好奇心是驱动人类探索未知领域的永恒动力。在新形势下，我们的基础教育体系不能再走老路，从小就把孩子培养成了国外芯片和软件产品的忠实用户。使用国产龙芯计算机和国产 Linux 操作系统会更有助于增强孩子们的信息技术素养、自主创新意识和爱国主义精神。

自主信息化需要"从娃娃抓起"。推进自主信息系统教育，就要用国产的计算机、国产的软件开展教学，让中小学生从国外软件平台转移到国产软硬件教育平台。本套《中小学信创教育配套实践丛书》就是一个基于国产软硬件的信息技术在中小学教育领域应用的典范。虽然自主信息系统教育目前还只是少数地区的试点工作，本套丛书也仅仅作为信创教育试点的辅助教学资料，但是，"涓涓之水，可以成川；星星之火，可以燎原"。相信未来随着越来越多的国产计算机进入中小学教育领域，自主信息系统教育必将成为时代的主流。

走"市场带技术"的道路，通过自主研发掌握 CPU 的核心技术，建立自主可控的信息技术体系，我们失去的只有锁链，得到的将是整个世界。

2023 年 4 月

前　言

当前，在科技自立自强成为国家发展战略的大背景下，发展信息技术应用创新产业（简称信创）是实现关键核心技术突破的必由之路，也是我国信息技术领域实现从"跟跑"到"领跑"跨越式发展的根本道路。近年来，越来越多国产计算机进入中小学教育领域，例如浙江省金华市从 2020 年开展中小学信创教育试点以来，已经配备了数万台国产计算机，但是目前在用的中小学信息技术教材仍是以 Microsoft Windows 为基础编写的，与信创教育试点的实际需求有一定差距。为了解决这一问题，我们召集了中小学信息技术教育一线的名师、骨干教师编写了这套中小学信创教育配套实践丛书。

本书可供中学信息技术课程教学实践操作应用配套使用。全书由七个单元组成，分别是国产桌面操作系统基础、数据处理、图像处理、音频处理、视频处理、Python 开发环境搭建、物联网与人工智能应用开发。

本书以解决读者生活中的实际问题为出发点，精心设计了一系列贴近生活的学习任务，详细介绍了国产计算机中的典型软件及使用方法，力求使读者掌握使用国产计算机处理生活中常见问题的能力。通过本书的学习，读者能够熟悉国产计算机的使用习惯，为后续的学习打下基础。

编　者

目 录

第 1 单元　国产桌面操作系统基础 ························ 1
　　第 1 课　国产桌面操作系统概述 ························ 2
　　第 2 课　统信 UOS 系统设置 ························ 5
　　第 3 课　统信 UOS 系统文件资源管理 ························ 13

第 2 单元　数据处理 ························ 19
　　第 4 课　数据整理 ························ 20
　　第 5 课　数据计算 ························ 28
　　第 6 课　数据分析 ························ 34
　　第 7 课　数据可视化 ························ 38

第 3 单元　图像处理 ························ 44
　　第 8 课　图像获取及简单编辑 ························ 45
　　第 9 课　图像素材的处理 ························ 47
　　第 10 课　图像特效的应用 ························ 52

第 4 单元　音频处理 ························ 57
　　第 11 课　音频素材获取及简单编辑 ························ 58
　　第 12 课　音频素材的处理 ························ 62
　　第 13 课　音频效果的应用 ························ 66

第 5 单元　视频处理 ························ 70
　　第 14 课　视频素材的获取与简单编辑 ························ 71

第 15 课	视频素材处理	77
第 16 课	视频特效的应用	80

第 6 单元　Python 开发环境搭建　　85

第 17 课	初识 UOS 中的 Python	86
第 18 课	pip 安装及 pip 源配置	90
第 19 课	常用库安装	93

第 7 单元　物联网与人工智能应用开发　　96

第 20 课	认识开源硬件	97
第 21 课	传感器的应用	101
第 22 课	无线通信	104
第 23 课	文字识别	107
第 24 课	语音识别	110
第 25 课	语音合成	113

第 1 单元 国产桌面操作系统基础

目前，我国信息产业的大部分核心产品与技术仍严重依赖国外厂商，网络空间安全面临严峻风险与挑战。操作系统作为信息技术体系的重要组成部分，在信息产业占据着核心地位。发展自主可控的国产操作系统，提升信息安全自主能力，已成为国家重要战略之一。国内各大院校、厂商积极投入操作系统的研发，开发了统信 UOS、中科方德、银河麒麟等桌面操作系统。

通过本单元的学习，读者能够了解国产桌面操作系统的开发背景和发展，掌握统信 UOS 系统的基本设置和资源管理。

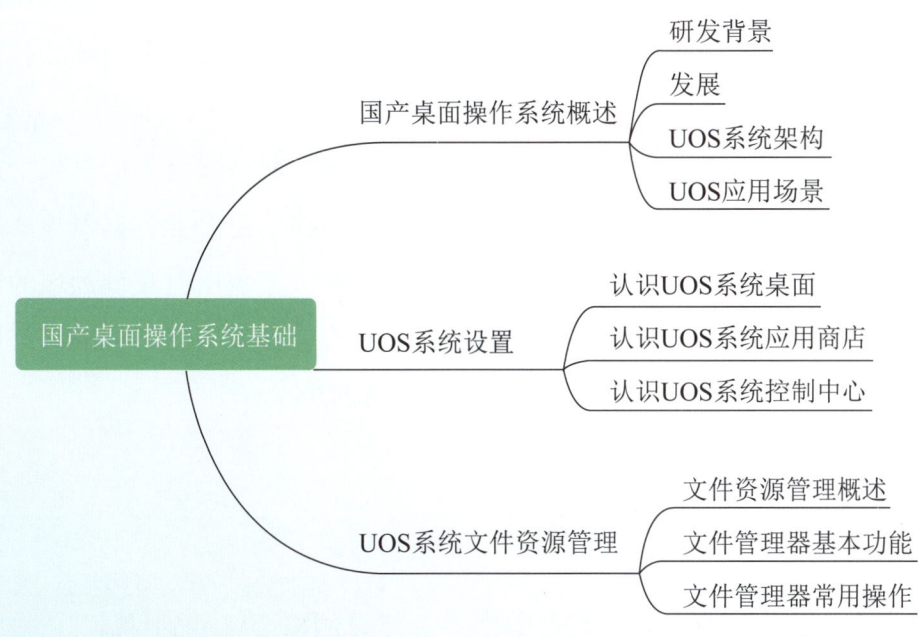

第 1 课
国产桌面操作系统概述

一、国产桌面操作系统的研发背景

近年来，国际关系日趋多元化和复杂化，尤其是贸易摩擦日益加剧，国家在实现"两个一百年"奋斗目标的历史交汇点上面临着严峻考验。目前，我国信息化产业的大部分核心产品与技术仍严重依赖国外厂商，信息安全面临严峻风险与挑战。

习近平总书记高度重视国家信息安全自主可控，多次作出重要指示批示。2016 年 10 月 9 日，在中共中央政治局第三十六次集体学习时提出"加快推进国产自主可控替代计划，构建安全可控的信息技术体系"。2018 年 7 月 13 日，习近平总书记主持召开中央财经委员会第二次会议时强调"提高关键核心技术创新能力，为我国发展提供有力科技保障"。

网络安全与信息化相辅相成，"自主可控"是保障网络安全、信息安全的前提。操作系统作为信息技术体系的重要组成部分，在信息产业占据着核心地位。从国家信息安全角度来看，当前各级政府和行业，覆盖所有关键领域的近 3000 万台办公终端，均使用国外产品，安全风险极高。发展自主可控的国产操作系统，提升信息安全自主能力，已成为国家重要战略之一。

二、国产桌面操作系统的发展

操作系统是信息产业之魂，也是数字经济建设的核心"基础设施"。为实现科技自立自强，国家相继出台一系列政策，布局核心技术创新，推动国产操作系统及其创新生态建设。随即国内各大科研院校及企业对国产操作系统的研发开展技术攻关，并取得重大突破，使国产操作系统实现从"可用"向"易用好用"迈进。

目前全球桌面操作系统主流技术生态，只有微软的 Windows、苹果的 MacOS 及开放源码的 Linux。为了摆脱现有国外操作系统厂商可能的安全隐患，尽快实现操作系统自主可控的目标，国产操作系统大多采用 Linux 内核和开源技术作为基础。

国产操作系统的研发始于 20 世纪末，过去 20 年，曾诞生超过 20 个不同版本。但是受到中国软件市场的开放、微软系统生态的攻势与知识产权等一系列问题，本土化操作系统在市场上幸存下来的寥寥无几。

统信软件技术有限公司（简称统信软件）是由国内领先的操作系统厂家于 2019 年 11 月联合成立的，在开源的社区发行版深度 Deepin 的基础上开发了商业发行版统信桌面操作系统（简称统信 UOS），目前已推出统信 UOS 专业版、教育版、家庭版和社区版。统信 UOS 同源异构支持全系列 CPU 架构，支持七大国产 CPU 品牌：龙芯、申威、鲲鹏、麒麟、飞腾、海光、兆芯。

三、统信 UOS 系统架构

统信 UOS 的系统架构自下而上分为四层。

1. 内核层

内核是操作系统的核心模块，它被系统引导层载入运行，对下提供对硬件的驱动与管理，对上提供应用运行环境支撑与交互访问接口。统信 UOS 使用长期维护的稳定版内核，并在此基础上增加了各种型号处理器的内核补丁，以提供更高的兼容性与稳定性。

2. 基础运行库层

基础运行库层在内核层之上，依赖于内核层提供的系统调用接口。系统基础软件库提供了丰富的系统功能支持。

3. 开发库及运行库层

开发库及运行库层在基础运行库层之上，提供系统服务与程序运行过程中的动态创建类，动态添加、修改类的属性和方法，遍历类所有的成员变量和属性的方法及传递消息等，支撑应用程序正常运行。

4. 桌面环境及应用程序层

桌面环境包括图形组件和后台服务，应用程序层包括图形应用程序、非图形界面程序。图形组件为图形化人机界面的应用程序提供开发与运行支撑；桌面环境后台服务长时间为桌面环境的持续运行提供支撑和保障；图形应用程序提供了更好的易用性，方便系统的人工维护与管理；非图形界面程序包括大量的文本界面软件。

四、统信 UOS 应用场景

统信 UOS 从内核、桌面环境到系统基础应用均使用开源技术自主研发，开放源代码超过 600 万行，不依赖任何国外商用软件，实现了核心技术和知识产权的自主可控。统信 UOS 基于 Linux 内核研发，同源异构支持全系列 CPU 架构，提供高效简洁的人机交互、美观易用的桌面应用与安全稳定的系统服务。

在软件方面，系统提供多款自研应用，适配数十万款第三方厂商应用及开源社区原生应用，并兼容主流流版签和电子公文应用。

在硬件方面，兼容众多整机厂商的主流终端设备；在外设方面，兼容主流的打印机、扫描仪、高拍仪、读卡器等。

统信 UOS 基于丰富的软硬件生态和应用场景解决方案，体现了当今国产操作系统发展的前沿水平，具备为党政军及金融、电力、能源、教育等关键行业提供信息化建设的基础平台及项目支撑、平台应用、软件开发和系统定制等能力；满足各行业用户与个人消费者的办公、娱乐、生活及个性化需求。

练习：

利用互联网了解"开源"和"生态"的概念。

第 2 课 统信 UOS 系统设置

一、认识统信 UOS 系统桌面

1. 任务栏

任务栏是指位于桌面底部的长条,主要由启动器、应用程序图标、托盘区、系统插件等组成,如图 2-1 所示。

图 2-1　任务栏

在任务栏,可以打开启动器、显示桌面、进入工作区,对其上的应用程序进行打开、新建、关闭、强制退出等操作,还可以设置输入法,调节音量,连接 WiFi,查看日历,进入关机界面等。

任务栏上的图标及说明见表 2-1。

表 2-1　任务栏上的图标及说明

图标	说明	图标	说明
	启动器:查看所有已安装的应用		显示桌面
	多任务视图:显示工作区		文件管理器:查看磁盘中的文件、文件夹
	应用商店:搜索、安装应用软件		浏览器:打开网页

续表

图标	说明	图标	说明
	进入关机界面		控制中心：进入系统设置
	日历		联系人：好友通信、视频会议

2. 启动器

启动器用于管理系统中已安装的所有应用，在启动器中使用分类导航或搜索功能可以快速找到应用程序。

3. 桌面右键功能

在桌面空白处单击鼠标右键，弹出快捷菜单，可以实现新建文件夹、新建文件、排序桌面图标、调整桌面图标大小、设置屏幕的分辨率、设置桌面壁纸和屏保等功能。

4. 桌面工具

（1）桌面智能助手

桌面智能助手支持语音和文字输入、查找信息、执行指令等功能。通过桌面智能助手可以调节系统音量和屏幕亮度，还可以开启/关闭电源节能模式、WiFi 或蓝牙。

（2）剪贴板

剪贴板展示当前用户登录系统后复制和剪切的所有文本、图片和文件。使用剪贴板可以快速复制其中的某项内容。注销或关机后，剪贴板会自动清空。可使用"Ctrl＋Alt＋V"组合键唤出剪贴板。

二、认识统信 UOS 系统应用商店

应用商店是一款集应用推荐、下载、安装、卸载于一体的应用程序。应用商店精心筛选和收录了不同类别的应用，每款应用都经过人工安装并验证，如图 2-2 所示。

应用栏目展示应用商店的应用分类，包括热门推荐、装机必备、全部分类、手机应用等。应用商店提供一键式的应用下载和安装，无须手动处理。

1. 安装应用

单击应用旁边的"安装"按钮，可以下载并安装应用；单击"下载"按钮 进入下载管理界面，可查看当前应用的安装进度。

图 2-2　应用商店

2. 卸载应用

在"应用管理"界面，找到要卸载的应用，单击"卸载"按钮即可。除了在应用商店卸载应用，还可以通过启动器卸载应用。

三、认识统信 UOS 系统控制中心

控制中心是系统的核心功能，集中了统信 UOS 相关的配置，用户需要的配置都能在控制中心中快速完成。

统信 UOS 系统通过控制中心来管理系统的基本设置，包括账户管理、网

络设置、时间日期设置、个性化设置、显示设置、系统升级、备份还原等。当您进入桌面环境后，单击任务栏上的 ⚙ 即可打开"控制中心"窗口，如图 2-3 所示。

图 2-3　控制中心

1. 账户设置

在安装系统时会创建一个账户，在控制中心的账户设置界面可以修改账户设置或创建新账户，如图 2-4 所示。

创建新账户的方法如下。

①在控制中心首页，单击"账户"按钮👤。

②单击"创建账户"按钮➕。

③选择账户类型，输入用户名、密码和重复密码，设置全名、密码提示等信息。

④单击"创建"按钮。

⑤在"授权"对话框中输入当前账户的密码，新账户就会添加到账户列表中。

图 2-4 账户设置

2. 网络配置

登录系统后,需要连接网络,才能接收邮件、浏览新闻、下载文件、聊天、网上购物等。网络配置界面如图 2-5 所示,可以通过有线网络和无线网络进行连接。

图 2-5 网络配置

9

有线网络安全快速稳定，是常见的网络连接方式之一，将网线两端分别插入计算机和路由器或交换机，然后设置好网络参数即可连接有线网络，具体设置方法如下。

①在控制中心首页，单击"网络"按钮。

②单击"有线网络"按钮，进入有线网络设置界面。

③打开"有线网卡"，开启有线网络连接功能。

④设置 IP、子网掩码、网关、DNS 等信息，如图 2-6 所示。

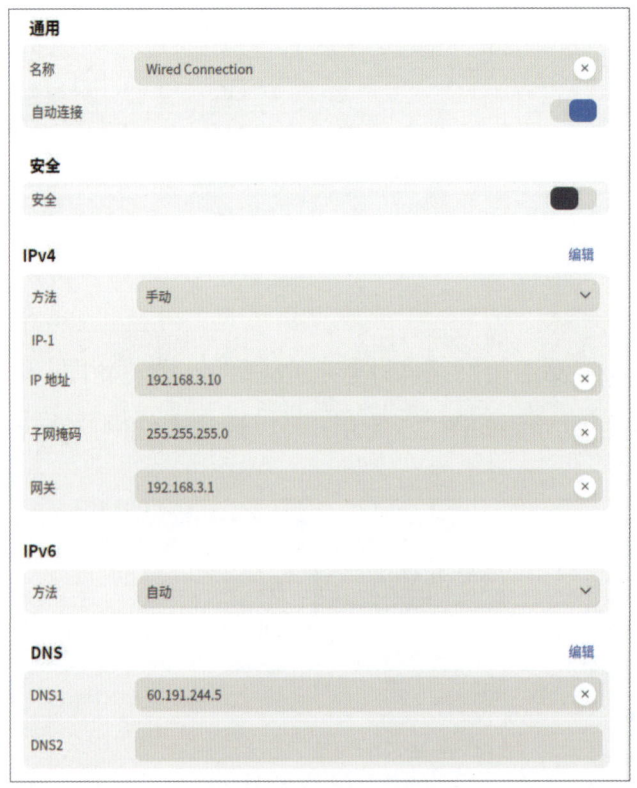

图 2-6　IP 地址设置

当网络连接成功后，桌面顶部将弹出"已连接有线连接"的提示信息。

3. 时间日期设置

单击"时间日期"按钮，进入时间日期设置界面，可以设置时区、日期、时间等信息，如图 2-7 所示。时间可以手工设置，也可以通过网络上的时间服务器自动同步，一般选择自动同步即可。

图 2-7　时间日期设置

4. 备份还原

为避免因软件缺陷、硬件损毁、人为操作不当、黑客攻击、电脑病毒、自然灾害等因素造成数据缺失或损坏，可以进行应用数据或系统数据的备份还原，以保障系统的正常运行。备份还原界面如图 2-8 所示。

图 2-8　备份还原

统信 UOS 提供初始化备份和控制中心备份两种方式。在系统安装时，如果选择全盘安装，系统会自动创建恢复分区，并在后续安装过程中备份启动分区和根分区。在系统安装后，用户可以通过控制中心进行全盘备份或系统备份。

统信 UOS 支持从 Grub、控制中心进行数据还原。开机时，在选择系统界面，单击系统还原，进入统信 UOS 系统还原。可以选择"恢复出厂设置"读取安装时的初始化备份，也可以选择"自定义恢复"恢复已创建的历史还原点。进入系统后，可以通过控制中心恢复出厂设置或恢复前期备份的数据。

通过控制中心还可以对统信 UOS 系统进行更多个性化的设置，如通知设置、声音设置、电源管理、键盘和语言、鼠标、系统更新等。通过各类设置，可以创建适合自己使用习惯的操作系统，使得工作和学习更高效。

练习：

调整系统设置，创建一个属于自己的个性化操作系统。

第 3 课 统信 UOS 系统文件资源管理

一、文件资源管理概述

在统信 UOS 中，文件资源主要由文件管理器管理。文件管理器是一款功能强大、简单易用的文件资源管理工具。其沿用了一般文件管理器的经典功能和布局，并在此基础上简化了操作，增加了很多特色功能。文件管理器拥有导航栏、智能识别的搜索框、多样化的视图和排序，如图 3-1 所示，这些特点让文件管理不再复杂，其具体组成见表 3-1。文件管理器还支持文件"保险箱"，提供数据隐私防护。

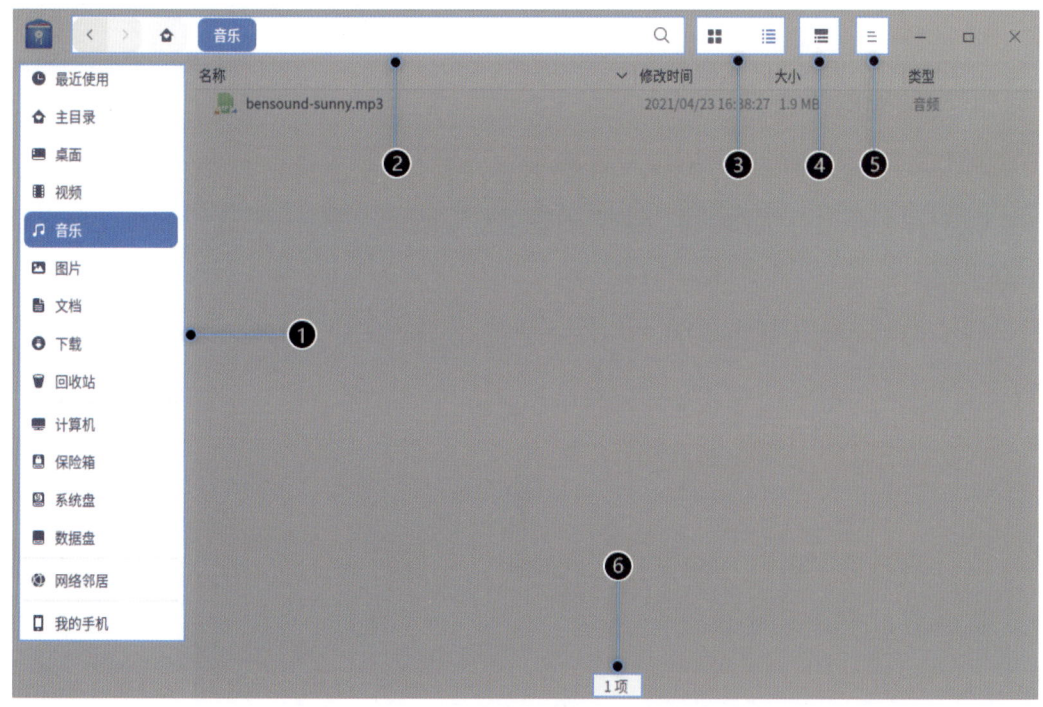

图 3-1　文件管理器主界面

表 3-1　文件管理器组成

标号	名称	描述
1	导航栏	单击导航按钮，可以快速访问本地文件、磁盘、网络邻居、书签等
2	地址栏	通过地址栏，可以快速切换访问历史、在上下级目录间切换、搜索、输入地址访问
3	图标/列表视图	单击 ⊞、☰ 按钮，可以以图标或列表形式查看文件（夹）
4	信息栏	单击 ☰ 按钮，查看文件（夹）的基本信息和标记
5	菜单栏	通过主菜单，可以新建窗口、切换窗口主题、设置共享密码、设置文件管理器、查看帮助文档和关于信息、退出文件管理器
6	状态栏	显示文件数量或已选中文件的数量

1. 启动文件管理器

（1）单击任务栏上的"启动器"按钮 ，进入启动器界面。

（2）上下滚动鼠标滚轮浏览，或通过搜索，找到"文件管理器"按钮 ，单击运行。

2. 关闭文件管理器

（1）在文件管理器主界面，单击 × 按钮，退出文件管理器。

（2）在任务栏上用鼠标右键单击 按钮，选择"关闭所有"命令，退出文件管理器。

（3）在文件管理器主界面，单击 ☰ 按钮，选择"退出"命令，退出文件管理器。

二、文件管理器基本功能

文件管理器具备基本的文件管理功能，可以对文件和文件夹进行新建、复制、重命名、删除等操作。

1. 新建文件

（1）在文件管理器的空白区域单击鼠标右键。

（2）在弹出的快捷菜单中选择"新建文档"命令，如图 3-2 所示。

（3）在下级菜单中选择新建文档的类型。

（4）输入新建文件的名称。

2. 新建文件夹

（1）在文件管理器的空白区域单击鼠标右键。

（2）在弹出的快捷菜单中选择"新建文件夹"命令。

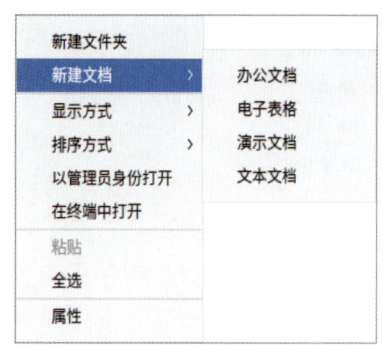

图 3-2　文件管理器快捷菜单

（3）输入新建文件夹的名称。

3. 重命名文件或文件夹

（1）在文件管理器界面上用鼠标右键单击文件或文件夹。

（2）在弹出的快捷菜单中选择"重命名"命令。

（3）输入文件名称，按"Enter"键或单击界面空白区域。

4. 批量重命名

（1）在文件管理器界面选中多个文件。

（2）用鼠标右键单击文件，在弹出的快捷菜单中选择"重命名"命令，如图 3-3 所示。

①替换文本：查找需要替换的文本，并输入替换后的文本，文件名中的关键字将被统一替换。

②添加文本：输入需要添加的文本，并选择位置是名称之前还是之后，文件名将统一加入被添加的文本。

③自定义文本：输入文件名，并输入序列的递进数字，文件名将统一改成"新文件名＋递进数字"。

（3）单击"重命名"按钮来完成操作。

5. 查看文件或文件夹的属性

文件属性会显示文件的基本信息、打开方式和权限设置。文件夹属性会显示文件夹的基本信息、共享信息和权限设置。可以勾选"隐藏此文件（夹）"复选框，完成文件或文件夹的隐藏。

图 3-3　批量重命名

6. 压缩文件

压缩文件便于携带多个文件或文件夹，提高传输效率。

（1）在文件管理器界面用鼠标右键单击文件（夹）。

（2）在弹出的快捷菜单中选择"压缩"命令。

（3）弹出归档管理器压缩界面，可以设置压缩包格式、名称、存储路径等，单击"压缩"按钮。

另外，文件管理器可快捷地完成查看文件、文件排序、隐藏文件、删除文件、病毒查杀、无线投送等功能。

三、文件管理器常用操作

文件管理器具备很多特色功能，这些功能都让文件管理更加简单、高效。

1. 切换地址栏

地址栏由历史导航、面包屑和输入框共同组成，通常情况下地址栏显示面包屑。单击"历史导航"按钮，可以快速地在历史浏览记录间切换，查看前一个地址或后一个地址，如图 3-4 所示。

图 3-4　切换地址栏

文件所在位置的每一个层级都会形成一个面包屑，通过来回单击面包屑可以快速地在不同文件层级间切换。

单击"搜索"按钮，或者在文件路径上用鼠标右键单击并选择"编辑地址"命令，地址栏会切换为输入框状态。在输入框外单击时，地址栏会自动恢复到面包屑状态。输入框带有智能识别功能，输入关键字或访问地址，系统会自动识别并进行搜索或访问，如图 3-5 所示。

图 3-5　快速搜索栏

2. 搜索文件

文件管理器支持多种检索方式，既支持通过文件名称、文件内容进行普通搜索，也支持通过文件类型、创建时间等进行高级搜索。指定目录搜索时，需先进入该目录，然后再进行搜索。其中全文搜索可以通过文件内容关键字来搜索文件。

当文件较多、搜索较慢时，可以启用高级搜索缩小搜索范围，以提高搜索效率。在搜索状态下，输入关键字后按"Enter"键，当搜索到结果时，搜索框右侧显示▽按钮，单击该按钮可进行高级搜索的操作，如图 3-6 所示。

图 3-6　高级搜索

在高级搜索中可选择搜索范围、文件大小、文件类型、修改时间、访问时间和创建时间，进行更精准的搜索。

3. 文件保险箱

文件保险箱旨在打造专属的安全空间，为隐私保驾护航。单击文件管理器左侧导航栏中的"保险箱"按钮，即可打开文件保险箱，如图3-7所示，首次使用保险箱需要对其进行密码设置。可以在保险箱中保存需要保护的文件，放入保险箱中的文件需要输入密码才能查看。

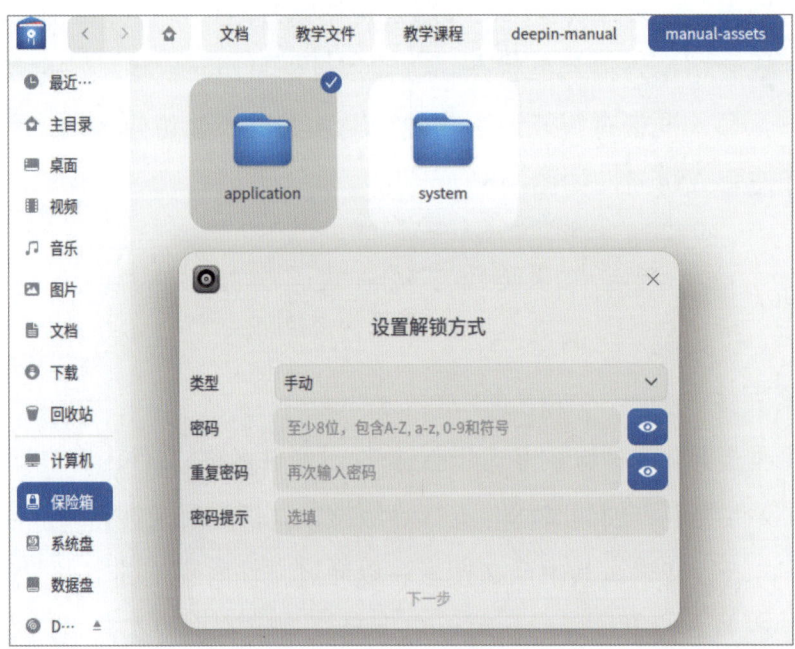

图3-7　文件保险箱

练习：

请同学们体验创建文件夹和文件的过程，练习对文件和文件夹的常用操作，设置一个属于自己的文件保险箱。

第 2 单元 数据处理

现代信息社会中，人们会接触到各种各样的数据，如每日温湿度、空气质量、城市交通数据等。对数据进行整理、计算、分析预测等处理，进而做出决策，已经成为信息时代公民的基本素质。

在本单元中，通过对学校用电量数据的处理与分析，读者可以学习到利用数据处理软件对数据进行整理、计算、分析与可视化的方法，进而根据需要制作合适的数据图表，直观地反映数据间的关系，揭示数据间的规律，获取数据中的信息，形成观点或意见，增强数据分析意识，提高数据处理与分析的能力。

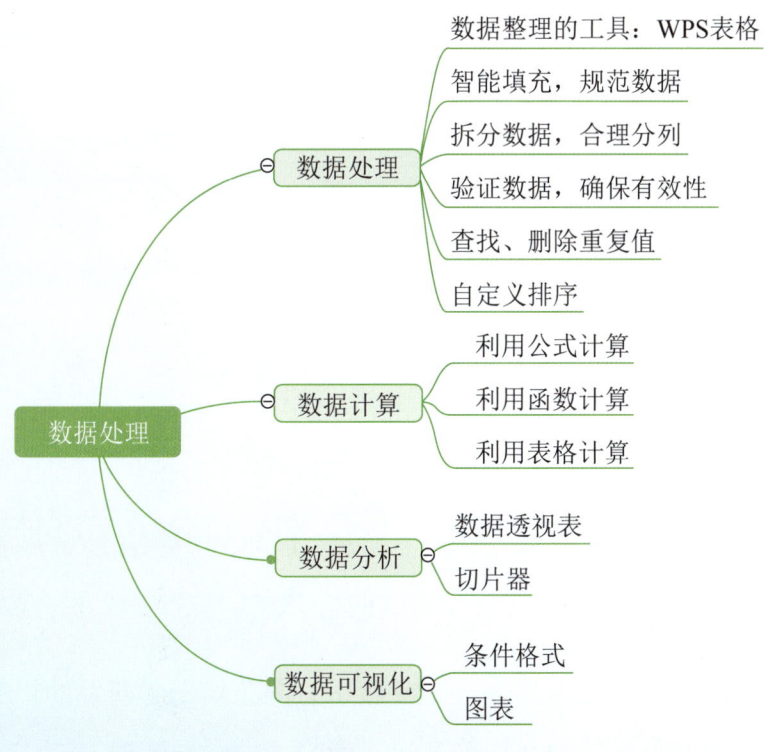

第 4 课 数据整理

一、数据整理的工具

在现代信息社会中，数据越来越复杂，数据类型也越来越多。在对数据进行处理分析前，一般要根据需求分析，先对数据进行整理。数据整理是数据处理过程中不可缺少的一个环节。无论是数据整理，还是后期的数据分析，都可以通过数据处理软件来实现。数据处理软件有很多，WPS 表格是常用的表格数据处理软件，基本能满足常规数据处理的要求，如图 4-1 所示。

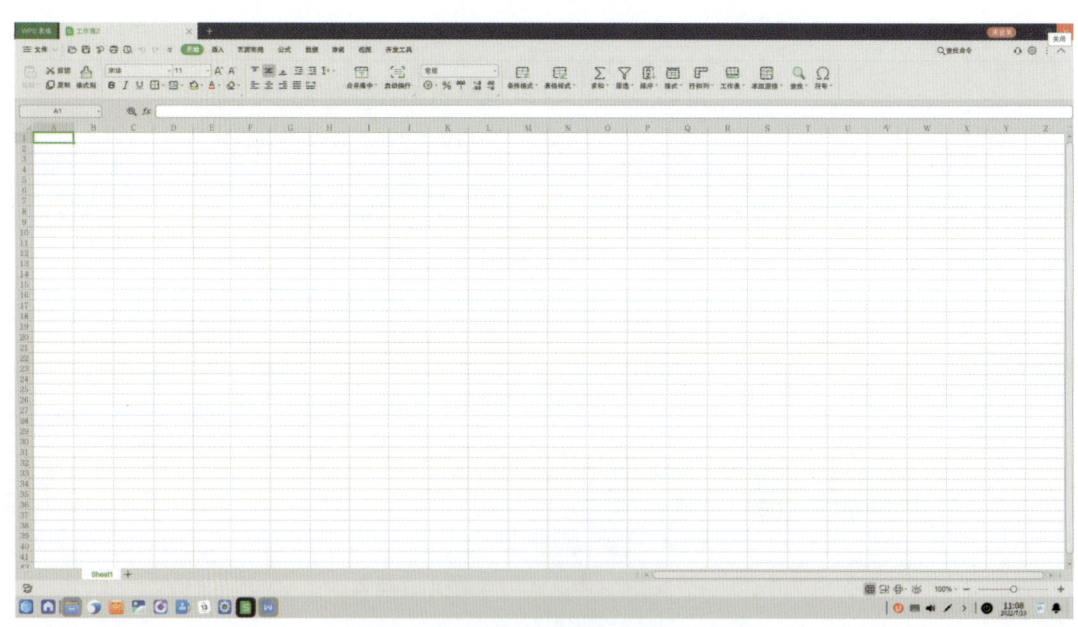

图 4-1 "WPS 表格"基础界面

WPS Office 是由北京金山办公软件股份有限公司自主研发的一款办公软件套装，可以实现办公软件最常用的文字、表格、演示。WPS 表格（又称 WPS-

ET），应用 XML 数据交换技术，其使用的方法、函数及 VBA 编程，均可深度兼容 Excel，且拥有符合中文用户使用习惯的部分特点。

二、智能填充，规范数据

从生活中获取的数据，通常是杂乱无章、格式不一致的，这就要先将数据按照一定的规范整理好，以便对数据进行有效处理。

如图 4-2 所示的是"校园 9 月份用电量统计表"中的部分数据，其中"今年 9 月用电量"列中的部分数据带有单位，不利于后期进行计算，我们可以使用 WPS 表格中的"智能填充"命令来完成规范数据操作。

统计时间	区域电器	今年9月用电量
2020/10/16	过道-路灯	366千瓦·时
2020/10/16	过道-场景灯	132
2020/10/16	体育馆-探照灯	211千瓦
2020/10/16	体育馆-监控	72千瓦·时

图 4-2　原始数据

在 D1 单元格输入列标题"今年 9 月用电量（千瓦·时）"，在 D2 单元格中输入数据"366"，选中 D2 单元格，选择"数据"选项卡→"智能填充"命令，完成数据输入工作，检查数据准确后删除"今年 9 月用电量"列，如图 4-3 所示。

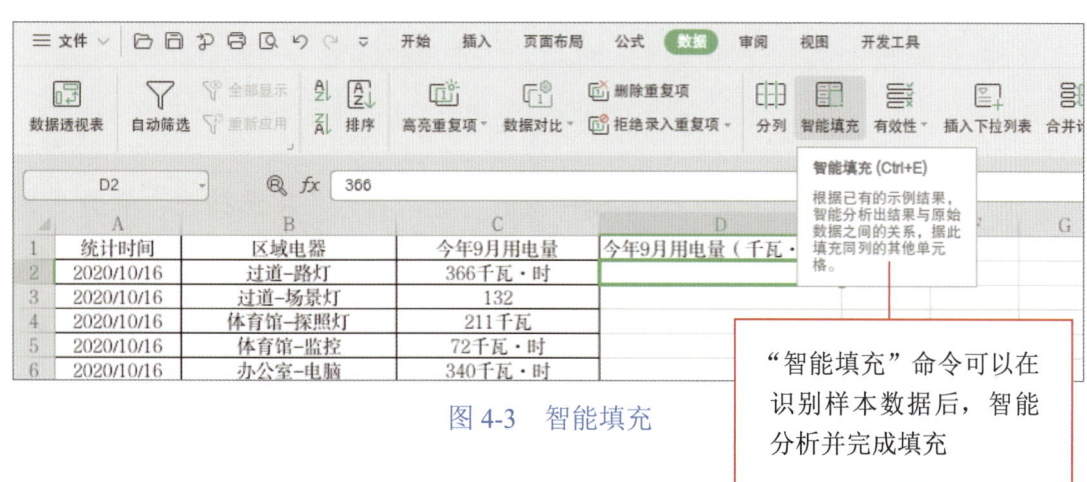

图 4-3　智能填充

三、拆分数据，合理分列

数据表中可能会出现多个不同属性的数据合并在一个单元格中的情况，这不利于后期数据的分类处理，利用"分列"命令可将有一定规律的单列数据拆分成多列。如"校园9月份用电量统计表"中的"区域电器"列可拆分为"区域"列和"电器"列。

（1）选中"区域电器"列后插入一个空白列，再次选中"区域电器"列，选择"数据"选项卡→"分列"命令，出现"文本分列向导"对话框，如图4-4所示。

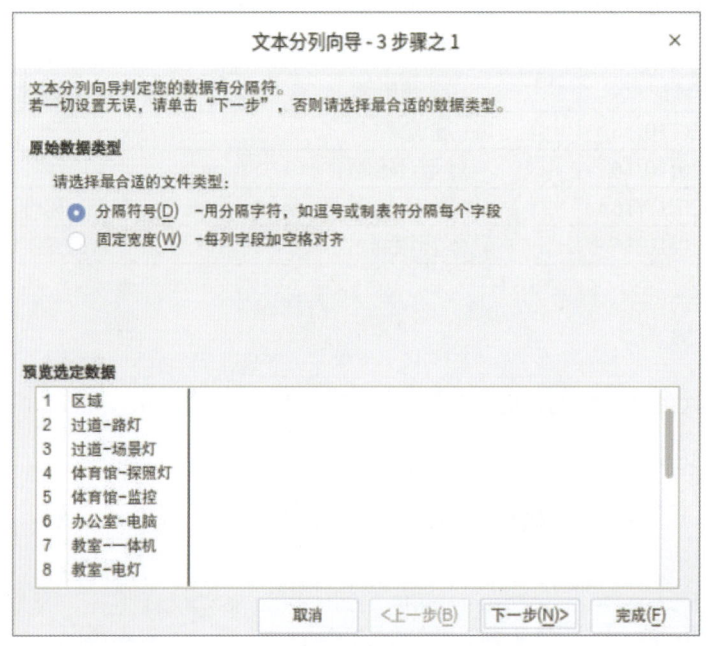

图4-4 "文本分列向导-3步骤之1"对话框

（2）在"文本分列向导"对话框中选择"分隔符号"单选按钮，单击"下一步"按钮。进入"文本分列向导-3步骤之2"对话框，在"其他"复选框后方输入"-"符号，如图4-5所示，单击"下一步"按钮。进入"文本分列向导3步骤之3"对话框，目标区域不变，如图4-6所示，单击"完成"按钮，并改列标题为"区域"和"电器"。完成拆分的数据表如图4-7所示。

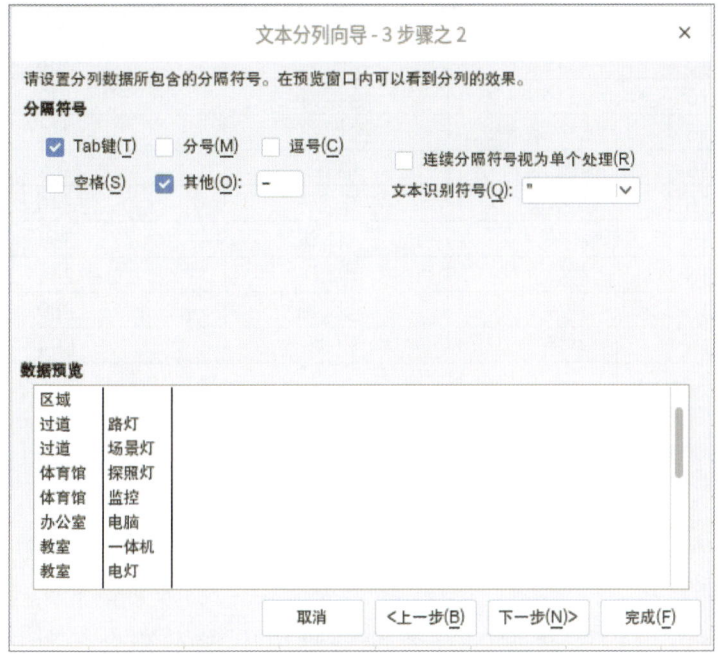

图 4-5 "文本分列向导-3 步骤之 2"对话框

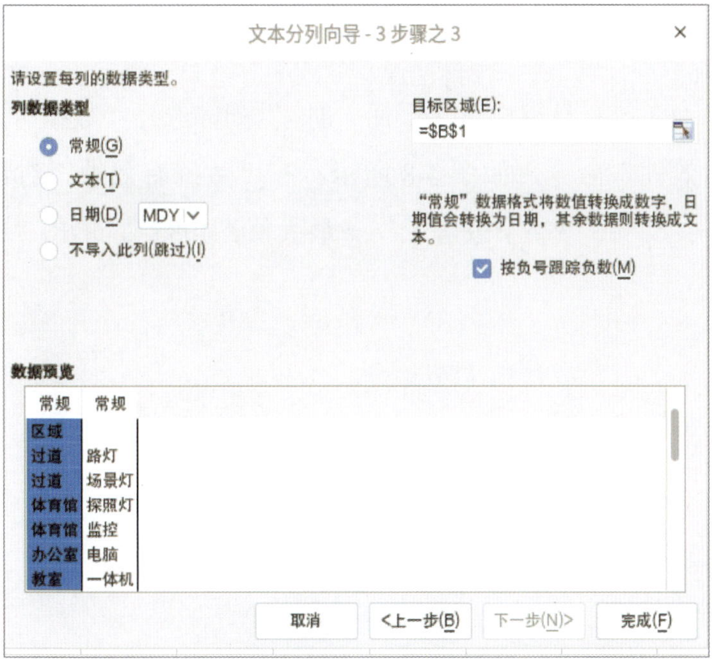

图 4-6 "文本分列向导-3 步骤之 3"对话框

统计时间	区域	电器	今年9月用电量（千瓦·时）
2021/10/16	过道	路灯	366
2021/10/16	过道	场景灯	132
2021/10/16	体育馆	探照灯	211
2021/10/16	体育馆	监控	72
2021/10/16	办公室	电脑	340
2021/10/16	教室	一体机	353
2021/10/16	教室	电灯	241
2021/10/16	教室	电风扇	389
2021/10/16	教室	空调	894

图 4-7　完成拆分的数据表

四、验证数据，确保有效性

验证数据可以检验数据的有效性，避免出现不符合条件的数据。利用WPS表格中的"有效性"功能，可以方便地检测数据是否超出了范围。据了解，9月份学校总用电量为4085千瓦·时，因此统计表中各区域的用电量都不应超过4085千瓦·时。

（1）选中"今年9月用电量（千瓦·时）"列，选择"数据"选项卡→"有效性"→"有效性"命令，如图4-8所示。在"数据有效性"对话框中输入有效性条件："小数"→"小于或等于"→最大值"4085"，单击"确定"按钮，如图4-9所示。

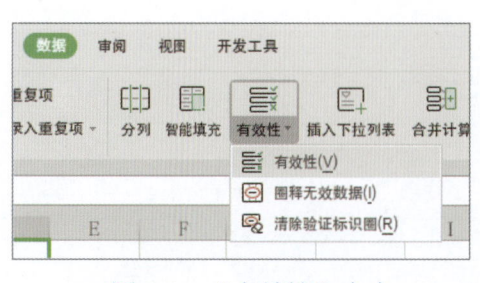

图 4-8　"有效性"命令

图 4-9　数据有效性设置

（2）选择"数据"选项卡→"有效性"→"圈释无效数据"命令，如图 4-10 所示，找到不符合规则的数据，查找数据并修改为正确的数据，如图 4-11 所示。

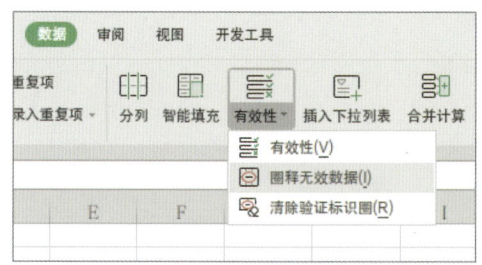

图 4-10　"圈释无效数据"命令

计算机室-空调	222
计算机室-电灯	286
计算机室-电脑	4424
创客教室-电脑	53
创客教室-电灯	24
会议室-电灯	44

图 4-11　圈释无效数据并修改

数据有效性功能可以在数据输入前设置验证条件，禁止输入不符合验证条件的数据，如图 4-12 所示。

五、查找、删除重复值

数据表中的重复数据会导致数据冗余和存储空间的浪费，并且影响数据分析的结果。

图 4-12　输入无效数据警告界面

（1）查找数据表中的重复值并标记。选中所有数据区域，选择"数据"选项卡→"数据对比"→"标记重复值"命令，出现"标记重复值"对话框，如图 4-13 所示。

（2）利用 WPS 表格中的"删除重复项"命令，快速删除重复数据。选择所有数据列作为重复值判断条件，选择"数据"选项卡→"删除重复项"命令，出现"删除重复项"对话框，如图 4-14 所示。单击"确定"按钮，出现完成提示框，完成删除重复项操作，如图 4-15 所示。

图 4-13 "标记重复值"对话框

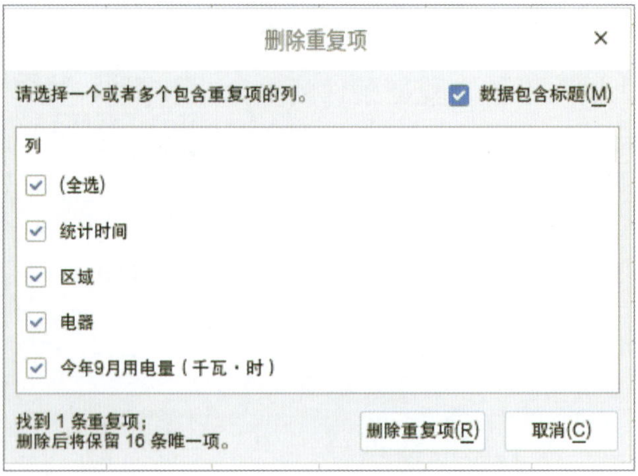

图 4-14 "删除重复项"对话框

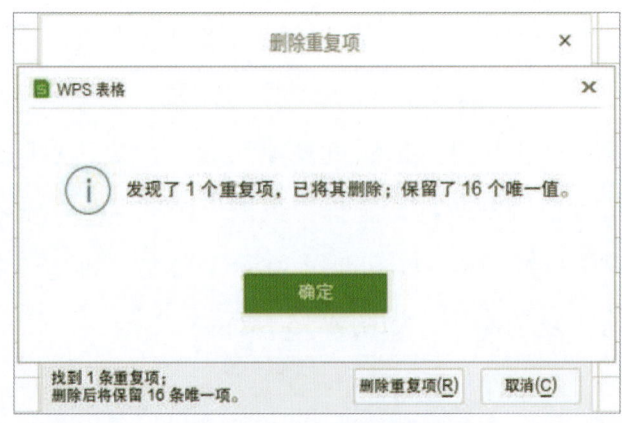

图 4-15 完成提示框

六、自定义排序

数据经过格式规范、合理拆分、有效性验证、重复值删除后，需要进行合理的排序，让同一类别的数据在一起按序显示，方便查看数据。

选中所有数据区域，单击"开始"选项卡→"排序"→"自定义排序"命令，出现"排序"对话框，如图4-16所示，单击"主要关键字"下拉列表，选择"区域"→排序依据"数值"→次序"降序"，单击"添加条件"按钮增加"次要关键字"，选择"电器"→排序依据"数值"→次序"降序"，完成后单击"确定"按钮。

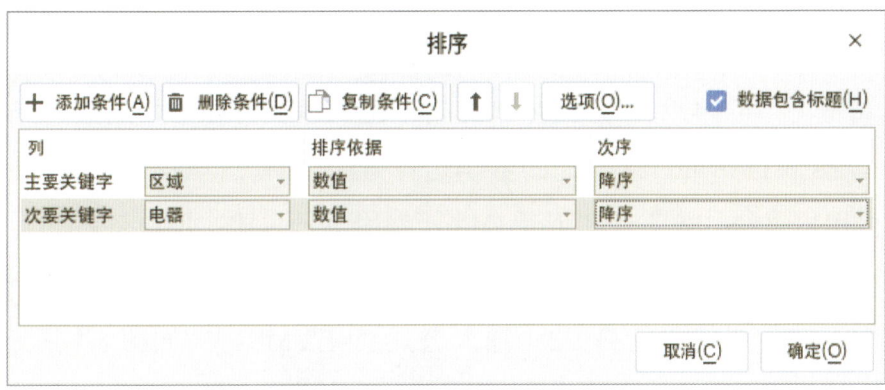

图4-16 "排序"对话框

练习：

对数据进行排序：把范例中的数据按"统计时间"与"区域"两列数据的一定顺序进行排序，方便查看同一区域不同时间的数据变化。

第 5 课 数据计算

数据计算是数据处理的一个重要步骤。数据计算可以增加数据表的信息量，改变数据表的表现形式，以激发更多的数据分析思路，发现更有价值的数据信息。对于收集到的数据可以利用多种方式进行计算处理。

一、公式

公式是由"="开头，后面由单元格地址、运算符和常量组成的一个表达式。在 WPS 表格中可以用普通的数学运算方法来对数据进行计算，如在"校园 9 月份用电量统计表"中可以用公式计算用电量占比：用电量占比 = 当前项目今年 9 月用电量 / 今年 9 月用电总量。

选中存放结果的单元格 H2，输入公式"=E2/M$2"（如图 5-1 所示），并设置单元格格式为"数字"→"百分比"，保留两位小数。其他单元格可以利用使用填充柄复制公式。选中单元格 H2，移动鼠标，将指针指向单元格右下角方形点，鼠标指针变为黑色"+"字形，向下拖动鼠标即可完成公式的自动填充。

C	D	E	F	G	H	I	J	K	L	M
电器	上年9月用电量（千瓦·时）	今年9月用电量（千瓦·时）	用电量增长量（千瓦·时）	用电增长率（百分比）	今年用电量占比（百分比）	用电量排名	用电量是否超过10%			
路灯	321	366	45	14.02%	=E2/M$2				今年9月用电总量	3696
场景灯	143	132	−11	−7.69%					今年9月最大用电量	

图 5-1 输入公式

上述公式中的"$"符号一般用于单元格引用，"Shift+F4"是引用符号的组合键。以 M2 单元格为例：M2 表示相对引用，$M2 或 M$2 表示混合引用，$M$2 表示绝对引用。当用填充柄拖动时，带 $ 的行号或列标不会变动。

二、函数

函数由函数名和括号内的参数组成。其中的参数可以是一个或多个常数、单元格引用、表达式，各个参数之间用“,”（英文逗号）分隔。函数可以进行一些基础的运算，如在“校园 9 月份用电量统计表”中，可以运用求和函数 SUM 计算去年 9 月用电总量，用最大值函数 MAX 计算最高用电量，用最小值函数 MIN 计算最低用电量。

1. SUM 函数

选中存放结果的单元格 M5，选择“公式”选项卡→“自动求和”命令 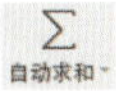

→选择单元格范围为“D2:D16”，编辑栏中显示“=SUM(D2:D16)”，如图 5-2 所示。

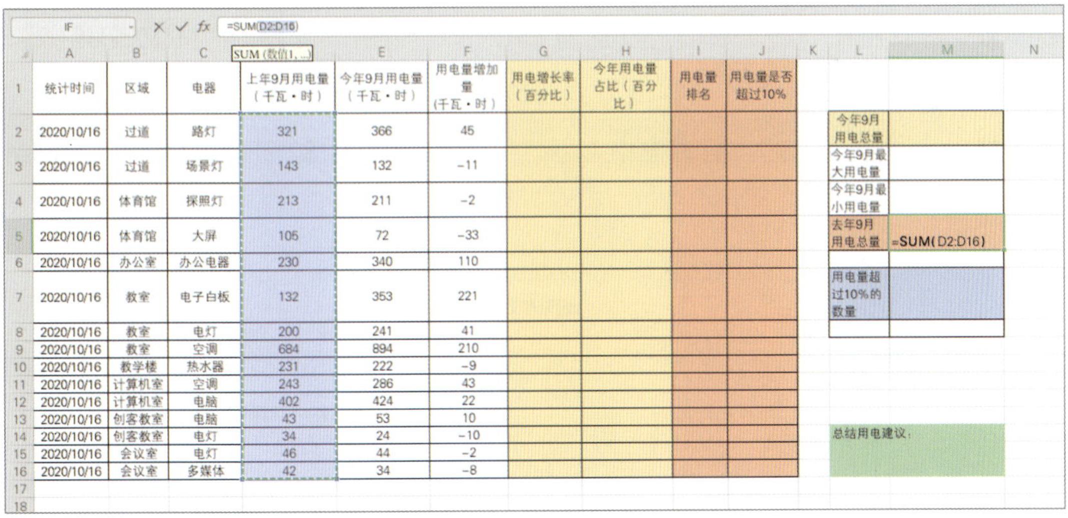

	A	B	C	D	E	F	G	H	I	J
1	统计时间	区域	电器	上年9月用电量（千瓦·时）	今年9月用电量（千瓦·时）	用电量增加量（千瓦·时）	用电增长率（百分比）	今年用电量占比（百分比）	用电量排名	用电量是否超过10%
2	2020/10/16	过道	路灯	321	366	45				
3	2020/10/16	过道	场景灯	143	132	-11				
4	2020/10/16	体育馆	探照灯	213	211	-2				
5	2020/10/16	体育馆	大屏	105	72	-33				
6	2020/10/16	办公室	办公电器	230	340	110				
7	2020/10/16	教室	电子白板	132	353	221				
8	2020/10/16	教室	电灯	200	241	41				
9	2020/10/16	教室	空调	684	894	210				
10	2020/10/16	教学楼	热水器	231	222	-9				
11	2020/10/16	计算机室	空调	243	286	43				
12	2020/10/16	计算机室	电脑	402	424	22				
13	2020/10/16	创客教室	电脑	43	53	10				
14	2020/10/16	创客教室	电灯	34	24	-10				
15	2020/10/16	会议室	电灯	46	44	-2				
16	2020/10/16	会议室	多媒体	42	34	-8				

L	M
今年9月用电总量	
今年9月最大用电量	
今年9月最小用电量	
去年9月用电总量	=SUM(D2:D16)
用电量超过10%的数量	
总结用电建议：	

图 5-2　求和函数

2. MAX 函数和 MIN 函数

选中存放结果的单元格，选择“公式”选项卡→“自动求和”命令→选择

Max 最大值函数，编辑栏中显示"=MAX(E2:E16)"，如图 5-3 所示。

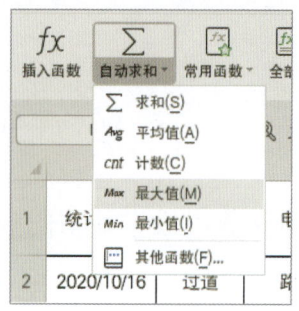

图 5-3　最大值函数

函数还可以帮助我们进行一些比较复杂的运算，如根据"校园 9 月份用电量统计表"中的数据，利用 RANK 函数计算用电量排名，利用 IF 函数计算用电量是否超过 10%，利用 COUNTIF 函数计算用电量超过 10% 的电器数量。

3. RANK 函数

选中存放结果的单元格 I2，选择"公式"选项卡→"插入函数"命令，在"插入函数"对话框中选择"RANK"函数，出现"函数参数"对话框。在"函数参数"对话框中，将"数值"设置为"H2"、"引用"设置为"$H$2:$H$16"、"排位方式"设置为"0"（排位方式可以为非零值），单击"确定"按钮后，单元格内容显示为"3"，编辑框中显示"=RANK(H2,$H$2:$H$16,0)"，如图 5-4 所示。

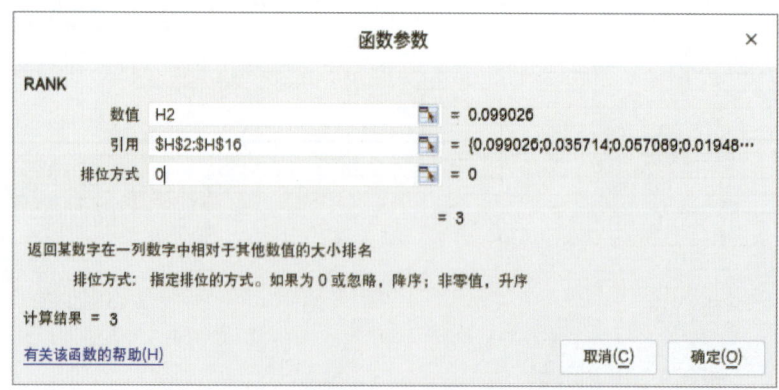

图 5-4　RANK"函数参数"对话框

4. IF 函数

选中存放结果的单元格 J2，选择"公式"选项卡→"插入函数"命令，在"插入函数"对话框中选择"IF"函数，出现"函数参数"对话框。在"函数参数"对话框中，将"测试条件"设置为"H2>10%"、"真值"设置为"是"、"假值"设置为"否"，单击"确定"按钮后，单元格内容显示为"否"，编辑框中显示"=IF(H2>10%," 是 "," 否 ")"，如图 5-5 所示。

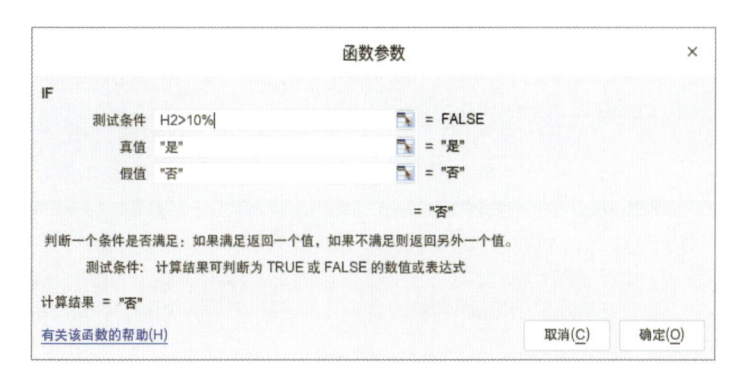

图 5-5　IF"函数参数"对话框

5. COUNTIF 函数

选中存放结果的单元格 M7，选择"公式"选项卡→"插入函数"命令，在"插入函数"中选择"COUNTIF"函数，出现"函数参数"对话框。在"函数参数"对话框中，将"区域"设置为"J2:J16"、"条件"设置为"= 是"，单击"确定"按钮后，单元格内容显示为"2"，编辑框中显示"=COUNTIF(J2:J16,"= 是 ")"，如图 5-6 所示。

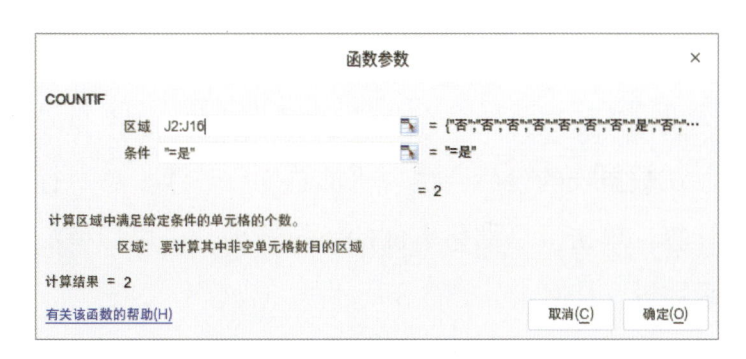

图 5-6　COUNTIF"函数参数"对话框

三、表格

除公式与函数外，WPS 还有其他对数据进行快速计算的方法，如使用"表格"命令对工作表中的列数据进行快速汇总计算。

（1）选中数据区域内任一单元格，选择"插入"选项卡→"表格"组件→"表格"命令，出现"创建表"对话框，"表数据的来源"默认选中所有数据区域，单击"确定"按钮后数据表转换为"表格"，如图 5-7 所示。（单击"表格工具"选项卡→"转换为区域"命令可以把"表格"恢复成普通数据区域样式。）

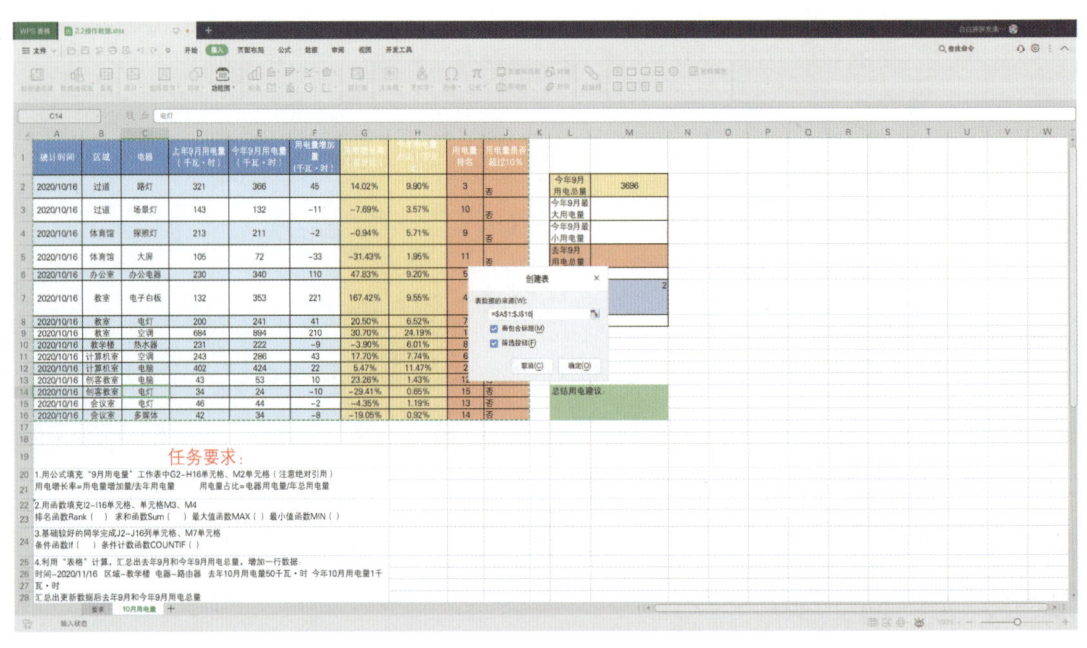

图 5-7 "创建表"对话框

（2）选中"表格"区域内任一单元格，单击"表格工具"选项卡，勾选"汇总行"复选框，在数据表的最后会出现"汇总"行。"汇总"行可以对每个数据列进行汇总计算，单击汇总结果右侧的下拉箭头，可以切换汇总计算方式，也可以用其他函数进行计算，如图 5-8 所示。

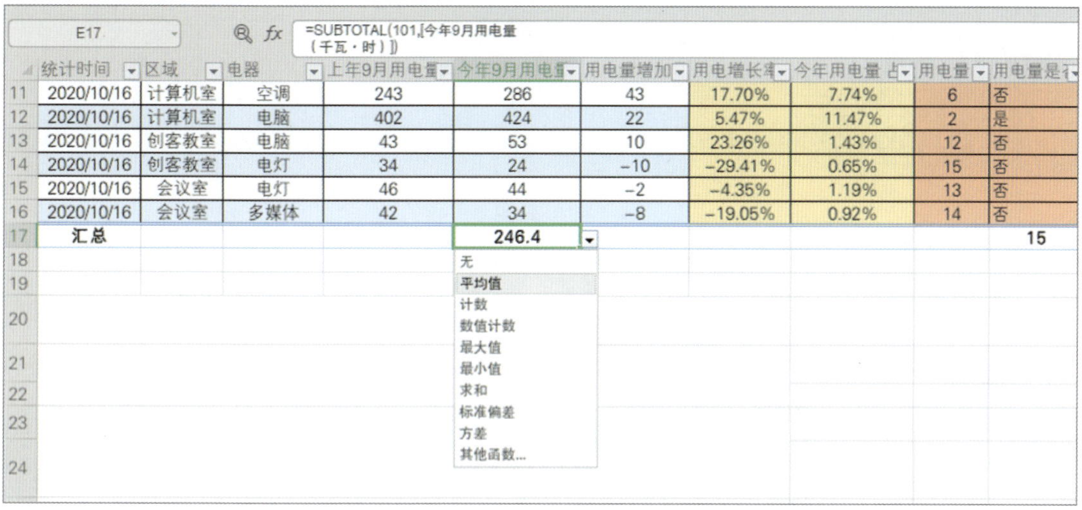

	统计时间	区域	电器	上年9月用电量	今年9月用电量	用电量增加	用电增长率	今年用电量 占	用电量	用电量是否
11	2020/10/16	计算机室	空调	243	286	43	17.70%	7.74%	6	否
12	2020/10/16	计算机室	电脑	402	424	22	5.47%	11.47%	2	是
13	2020/10/16	创客教室	电脑	43	53	10	23.26%	1.43%	12	否
14	2020/10/16	创客教室	电灯	34	24	-10	-29.41%	0.65%	15	否
15	2020/10/16	会议室	电灯	46	44	-2	-4.35%	1.19%	13	否
16	2020/10/16	会议室	多媒体	42	34	-8	-19.05%	0.92%	14	否
17	汇总				246.4					15

图 5-8　切换汇总计算方式

练习：

（1）用表格计算范例中“今年用电量占比”的“最大值”。

*（2）尝试用 vlookup 函数查找出“今年 9 月最大用电量的电器”，将结果显示在 N4 单元格中。

第 6 课 数据分析

数据分析是指对预处理好的有效数据进行汇总统计、分析预测,从而发现存在的问题、找到可行方案,进而得出科学的决策,这是数据处理的核心步骤。数据分析的目的是把隐藏在一大批看来杂乱无章的数据中的信息集中和提炼出来,从而找出所研究对象的内在规律。在实际应用中,数据分析可帮助人们做出判断,以便采取适当行动。

本课以 WPS 表格中的数据透视表和切片器作为数据分析工具,对范例中的数据进行简要分析。

一、数据透视表

数据透视表(Pivot Table)是一种交互式的表,可以进行求和、计数等计算,所进行的计算与数据跟数据透视表中的排列有关。之所以称为数据透视表,是因为可以动态地改变它们的版面布置,以便按照不同方式分析数据。每一次改变版面布置时,数据透视表会立即按照新的布置重新计算数据。

为更方便查看 2021 学年第一学期学校用电量统计数据中各区域电器电量使用情况,可用数据透视表汇总统计"校园各区域用电统计表"中的相关数据,形成报表。

(1)选中数据区域内任一单元格,选择"插入"选项卡→"数据透视表"命令,在出现的"创建数据透视表"对话框中选择单元格区域和数据透视表存放位置,如图 6-1 所示,单击"确定"按钮,建立数据透视表,如图 6-2 所示。

(2)数据透视表建立后,需要进行设置才能起作用。数据透视表"字段列表"区域包含数据源中所有列标题,可以根据需求拖动字段到数据透视表区域形成不同报表,如图 6-3 所示。在同一个字段设置区域中调整字段上下位置可以更改报表布局。

图 6-1 "创建数据透视表"对话框

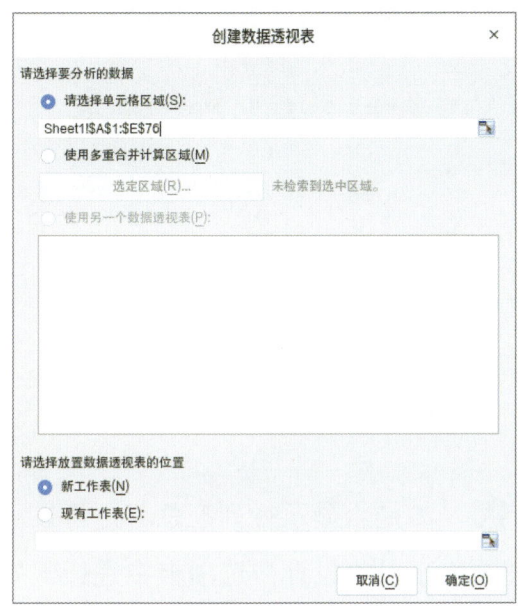

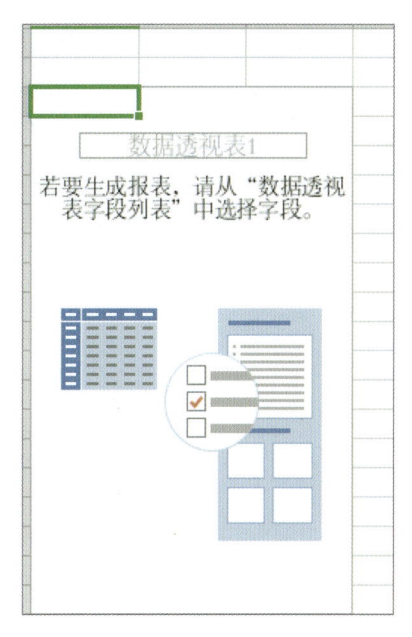

图 6-2 建立数据透视表

设置区域字段，生成报表：把"字段列表"区域中的"统计时间"拖到"列"区域、"电器"拖到"行"区域、"用电量（千瓦·时）"拖到"值"区域、"区域"拖到"筛选"区域，如图 6-4 所示。生成的报表如图 6-5 所示。

图 6-3 字段列表

图 6-4 数据透视表区域

	A	B	C	D	E	F	G
1	区域	(全部)					
2							
3	求和项:用电量（千瓦·时）	统计时间					
4	电器	2021年9月	2021年10月	2021年11月	2021年12月	2022年1月	总计
5	办公电器	428	530	340	450	230	1978
6	场景灯	128	130	132	125	143	658
7	大屏	76	72	72	60	105	385
8	电灯	294	232	309	252	280	1367
9	电脑	502	476	477	460	445	2360
10	电子白板	420	358	353	350	132	1613
11	多媒体	30	25	34	28	42	159
12	空调	1111	1236	1180	1310	927	5764
13	路灯	378	326	366	336	321	1727
14	热水器	201	200	222	180	231	1034
15	探照灯	278	368	211	359	213	1429
16	总计	3846	3953	3696	3910	3069	18474

图 6-5　生成的报表

（3）报表生成后还可以进行布局调整，如是否显示行列汇总、是否显示分类汇总等。所有的设置都可以在数据透视表工具"设计"选项卡中进行。如不需要显示总计，只需选择"对行和列禁用"命令即可，如图 6-6 所示。

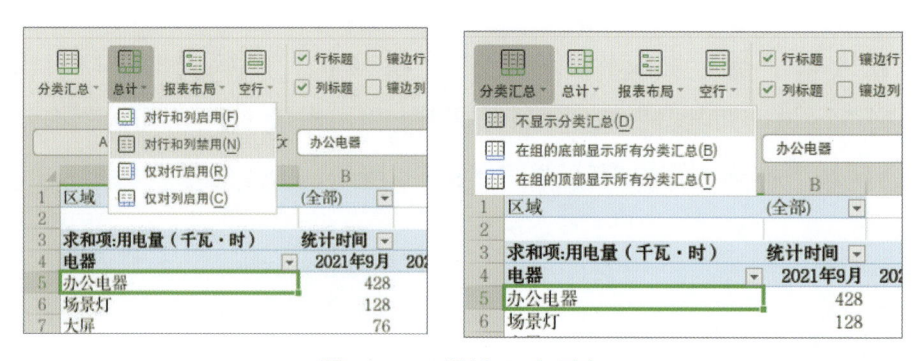

图 6-6　"设计"选项卡

二、切片器

切片器是一种筛选工具，在处理大量数据时，可以通过表中的切片器来筛选和查看数据。在 UOS 系统下，需要在数据透视表的情况下才能插入使用，在数据透视表中使用"切片器"能更直观地筛选数据。

选中数据区域内任一单元格，选择"插入"选项卡→"切片器"命令，（或选择"分析"选项卡→"插入切片器"命令），出现"插入切片器"对话框，在对话框中选择"区域"复选框，如图 6-7 所示，可以查看不同区域的电器用电量的环比增长率，如图 6-8 所示。

图 6-7 "插入切片器"对话框

图 6-8 "插入切片器"完成界面

根据报表呈现的数据，可以看出 2021 学年第一学期各个区域的用电量主要集中在教室。季节不同，各电器的用电量也会有所变化。

练习：

利用数据透视表和切片器汇总统计历年统计数据中各类电器用电量占比变化情况，调整数据透视表布局，选择某一区域并结合实际情况分析其变化原因，并给出相应的节电建议。

第 7 课 数据可视化

数据表中的数据虽然整齐有序，但是数据间的关系并非一目了然，数据可视化可以直观地反映数据间的关系，帮助人们获取数据中的信息、解释数据间的规律、形成观点或意见等。数据可视化是指将大型数据集中的数据以图形图像的形式表示，并利用数据分析和开发工具发现其中未知信息的处理过程。

一、条件格式

分析大量复杂的数据时，WPS 表格提供根据单元格中的数值是否超出指定范围或在限定范围之内动态地为单元格套用不同的样式（数字格式、字体样式、图案和边框），可以在单元格内格式化或图形化呈现重点数据，方便快速分析数据，使用户在茫茫数据中迅速地定位需要关注的区域。

1. "突出显示单元格规则"和"项目选取规则"

根据条件为数据标注颜色可以利用"条件格式"中的"突出显示单元格规则"或"项目选取规则"命令。例如，要在"2021 学年第一学期校园各区域电器用电量统计表"中，将用电量大于"200"的单元格填充颜色设置为"红色"。选中"用电量"列，选择"开始"选项卡→"条件格式"命令下拉菜单→"突出显示单元格规则"→"大于"命令，如图 7-1 所示。在出现的"大于"对话框中输入"200"，设置格式，如图 7-2 所示，单击"确定"按钮。符合条件的单元格会改变格式，完成效果如图 7-3 所示。

图 7-1 "突出显示单元格规则"命令

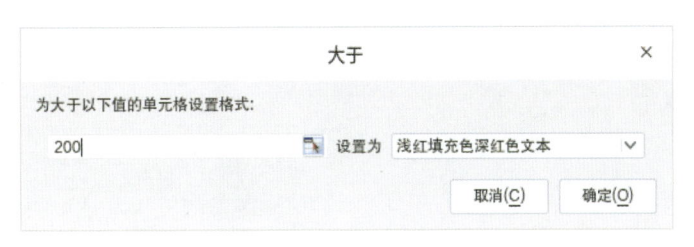

图 7-2 "大于"对话框

2	2021年9月	过道	路灯	378	9.83%
3	2021年9月	过道	场景灯	128	3.33%
4	2021年9月	体育馆	探照灯	278	7.23%
5	2021年9月	体育馆	大屏	76	1.98%
6	2021年9月	办公室	办公电器	428	11.13%
7	2021年9月	教室	电子白板	420	10.92%
8	2021年9月	教室	电灯	225	5.85%
9	2021年9月	教室	空调	880	22.88%
10	2021年9月	教学楼	热水器	201	5.23%
11	2021年9月	计算机室	空调	231	6.01%
12	2021年9月	计算机室	电脑	450	11.70%
13	2021年9月	创客教室	电脑	52	1.35%
14	2021年9月	创客教室	电灯	23	0.60%
15	2021年9月	会议室	电灯	46	1.20%
16	2021年9月	会议室	多媒体	30	0.78%
17	2021年10月	过道	路灯	326	8.25%
18	2021年10月	过道	场景灯	130	3.29%
19	2021年10月	体育馆	探照灯	368	9.31%
20	2021年10月	体育馆	大屏	72	1.82%
21	2021年10月	办公室	办公电器	530	13.41%
22	2021年10月	教室	电子白板	358	9.06%
23	2021年10月	教室	电灯	176	4.45%
24	2021年10月	教室	空调	924	23.37%
25	2021年10月	教学楼	热水器	200	5.06%
26	2021年10月	计算机室	空调	312	7.89%

图 7-3 "突出显示单元格规则"完成效果

2. 数据条、色阶和图标集

数据条、色阶和图标集是条件格式，可在数据中创建视觉效果。使用这些条件格式，可更轻松地同时比较一定单元格区域内的值。

数据条有助于对比某个单元格的值相对于选定区域其他单元格值的大小，数据条越长，表示值越大；数据条越短，表示值越小，如图 7-4 所示。色阶可帮助用户了解数据分布及变化情况，单元格具有两种或三种颜色渐变的阴影，这些颜色与最小值、中间值和最大值的阈值相对应，如图 7-5 所示。使用图标集呈现数据，每个图标代表一定范围的值，可用代表该范围的图标对每个单元格进行批注，如图 7-6 所示。这三种条件格式有预设的格式，也可在"其他规则"中新建格式规则，如图 7-7 所示。

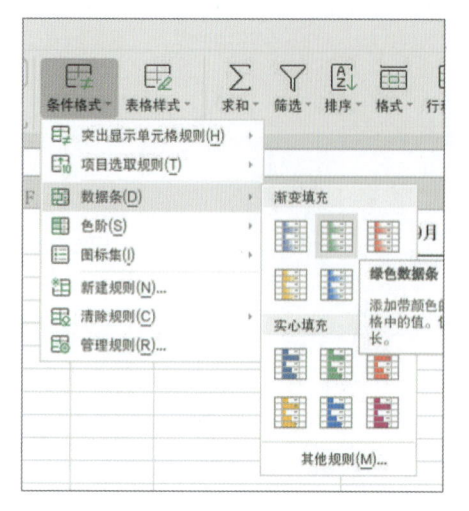

图 7-4 "数据条"命令

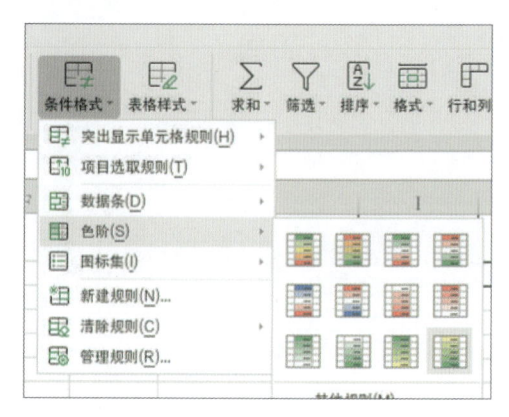

图 7-5 "色阶"命令

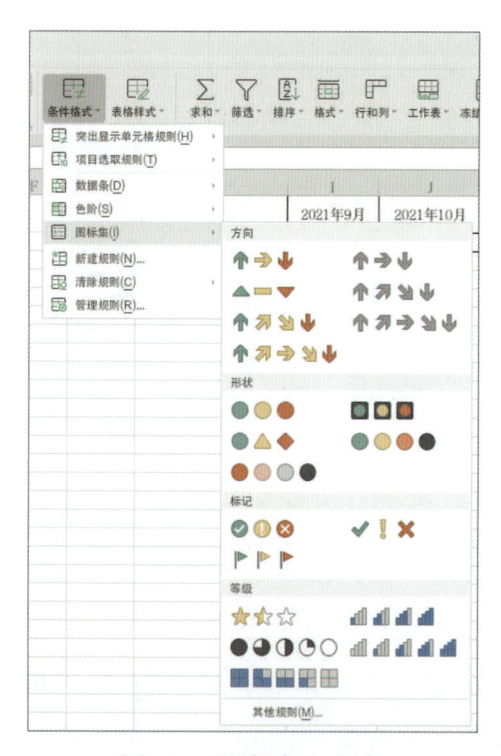

图 7-6 "图标集"命令

图 7-7 "新建格式规则"对话框

二、图表

数据可视化最常见的形式是图表，图表以其直观的形象、放大的数据特征，反映数据内在的规律,是数据分析与发掘的利器,能向人们清晰有效地传达信息。

1. 选择合适的图表

根据不同的数据呈现需求选择合适的图表,是制作图表的重要基础。柱形图常用于呈现数据的大小,或不同项目之间的对比;折线图常用于时间或类别的变化趋势;饼图常用于表现项目在项目总和中所占的比例。在 WPS 表格中还可插入"组合图",创建组合图表,如图 7-8 所示。

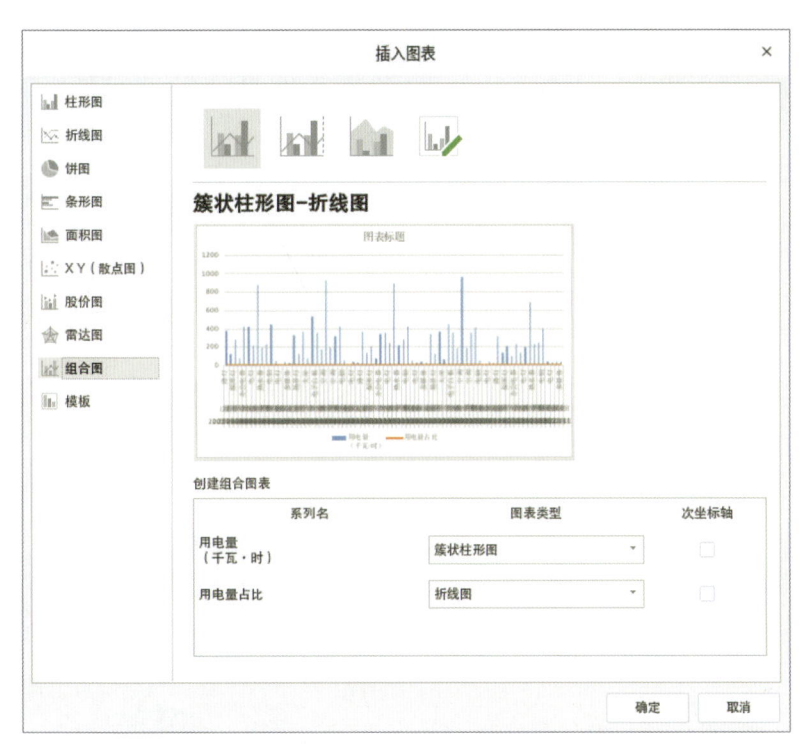

图 7-8　创建组合图表

例如,比较 2021 学年第一学期各月份不用区域电器的用电量占比变化,可以通过饼图来呈现数据占比。选择数据透视表中的数据范围,选择"插入"选项卡→"图表"组→"插入图表"→"饼图"命令,形成如图 7-9 所示的饼图。

除用饼图表示用电量占比外,还可以制作数据透视表,用柱状图表示各区域用电量的总和,用折线图表示各区域不同月份电器用电量的变化。为更方便查看各月份用电量占比的变化，可以插入切片器，使数据透视表动态化，插入的图表也会随之发生变化，产生联动，如图7-10所示。

2. 设计布局图表

为使图表表达的观点更清晰，新创建的图表一般需要设计布局，如对图7-10中的图表进行简单的布局设计，以便更加直接地表达各区域电器的用电量占比。

选中图表，修改图表部分元素，如标题、数据标签，如图7-11所示。

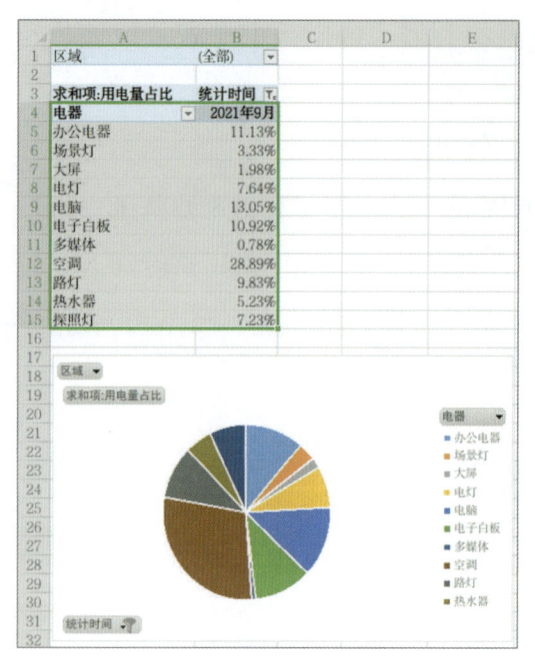

图 7-9　饼图

图 7-10　利用切片器使数据图表动态化

WPS 表格颜色丰富，插入的图表都是预设的格式，选中图表可对整个图表自定义样式与颜色，如图7-12所示。

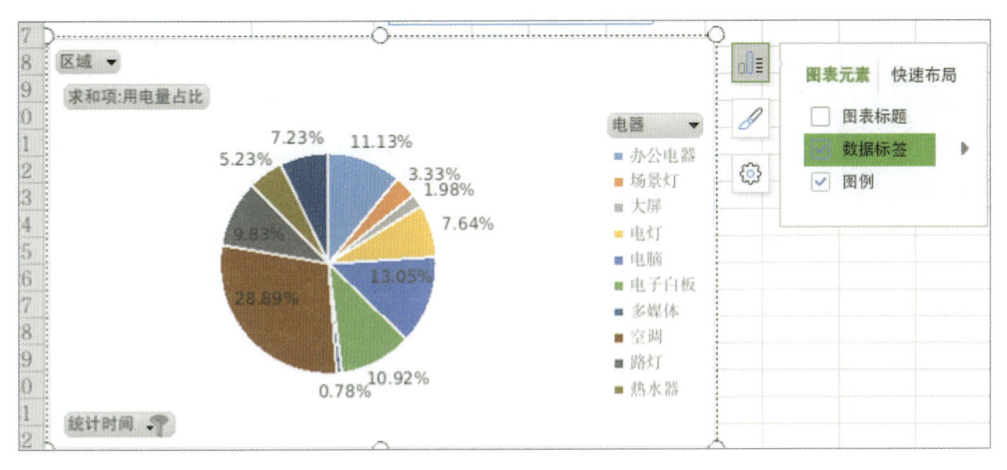

图 7-11　修改图表数据标签

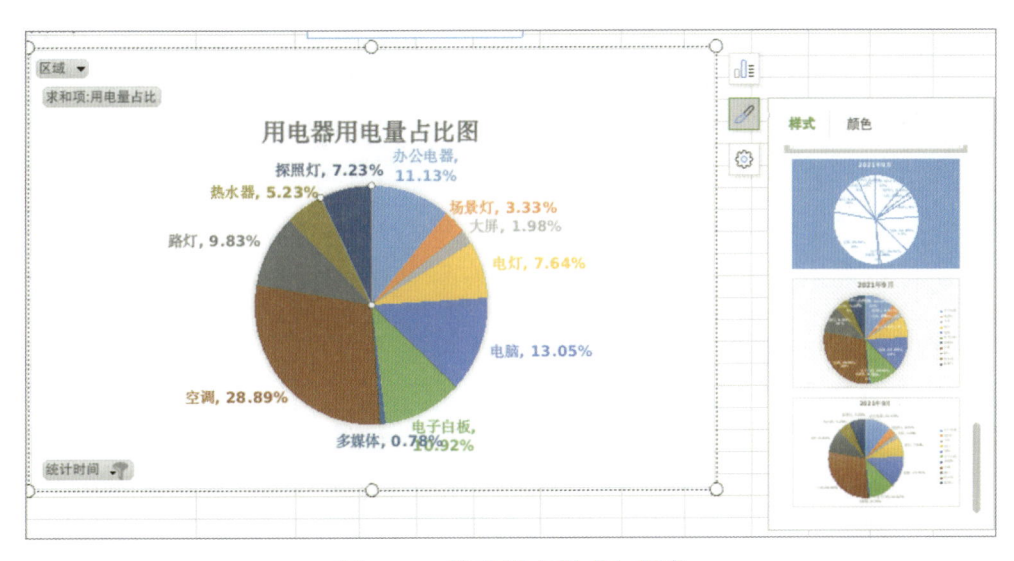

图 7-12　修改图表样式与颜色

数据可视化的本质就是视觉对话，可以帮助人们更好地分析数据，将技术与艺术完美结合，借助图形化的手段，清晰有效地传达与沟通信息。一方面，数据赋予可视化以价值；另一方面，可视化增加了数据的灵性，两者相辅相成。

练习：

1.利用"条件格式"突出不同时间用电量排名前三的数据。

2.选择合适的图表分析"空调"在不同区域内的用电量占比，并结合实际情况做简要分析。

第 3 单元 图像处理

　　图像作为人类感知世界的视觉基础，是人类获取信息、表达信息和传递信息的重要手段。图像处理是利用计算机对图像信息进行加工以满足人的视觉心理或应用需求的行为。在日常生活中随处可见各种图片，形象生动的图片也为多媒体作品增添了绚丽的画面，从而增强了多媒体作品的可读性。因此，图像处理技术对于现代生活有着不可或缺的作用。

　　本单元通过使用 UOS 中的画板和 GIMP 软件制作"网络安全"宣传海报的过程，使读者了解图像获取的多种途径，体验日常生活中图像处理的基本方法，并可以根据实际需要利用图像处理软件处理图像，提升图像处理能力，并应用到今后的学习和生活中去。

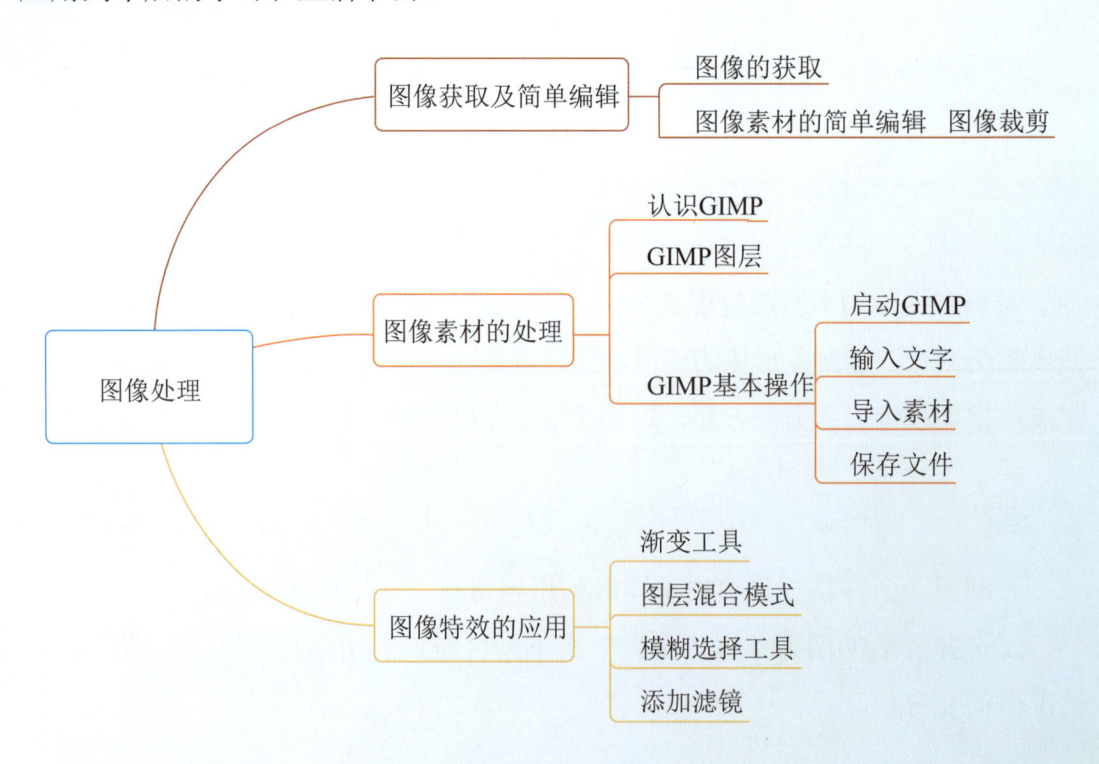

- 图像处理
  - 图像获取及简单编辑
    - 图像的获取
    - 图像素材的简单编辑　图像裁剪
  - 图像素材的处理
    - 认识GIMP
    - GIMP图层
    - GIMP基本操作
      - 启动GIMP
      - 输入文字
      - 导入素材
      - 保存文件
  - 图像特效的应用
    - 渐变工具
    - 图层混合模式
    - 模糊选择工具
    - 添加滤镜

第 8 课
图像获取及简单编辑

将生活中的图像（照片、画报、图书、图纸等）通过采样、量化与编码的数字化过程，转化为可在计算机中显示和存储的格式，使得计算机可以对其进行分析处理。常见的图像格式有 JPG、GIF、PNG、BMP 等，不同格式的图像文件其数据编码方式有所不同。图像处理能够将图像整理得更适合人们的视角，让信息以一种更加清晰的方式呈现在人们面前。

一、图像的获取

获取图像的途径有很多，最常用的方法：从网络上下载、通过图像采集设备获取、绘图软件创建等。

1. 通过网络获取图像

网络是获取图像素材的一种有效途径，可以利用搜索引擎或图库网站搜集并下载（购买）图像。试着利用网络查找关于"网络安全"的图像素材并下载（购买）。

2. 用图像采集设备获取图像

利用扫描设备可以把文本的影像、图画和照片转换成数字形式输入设备。利用相机等数字设备可以直接拍摄生成数字图像，目前大多数数码相机和智能手机都具有图像拍摄功能，如图 8-1 所示。

扫描仪 　　　　　数码相机 　　　　　智能手机

图 8-1　图像采集设备

二、图像素材的简单编辑

从网络或图像采集设备获取到的图像有时需要经过处理，才能达到更好的视觉效果。如有些图像主体不突出，或者镜头中有太多干扰，需要对其进行裁剪。以"网络安全"水印图为例，对图像进行裁剪。操作方法如下。

（1）打开素材。用鼠标右键单击"网络安全水印.jpg"，打开方式选择"画板"。

（2）裁剪图像。选择"裁剪"⬚工具，拖动控制点，也可以利用"尺寸"进行精准控制，单击"√"按钮，完成裁剪，如图8-2所示。

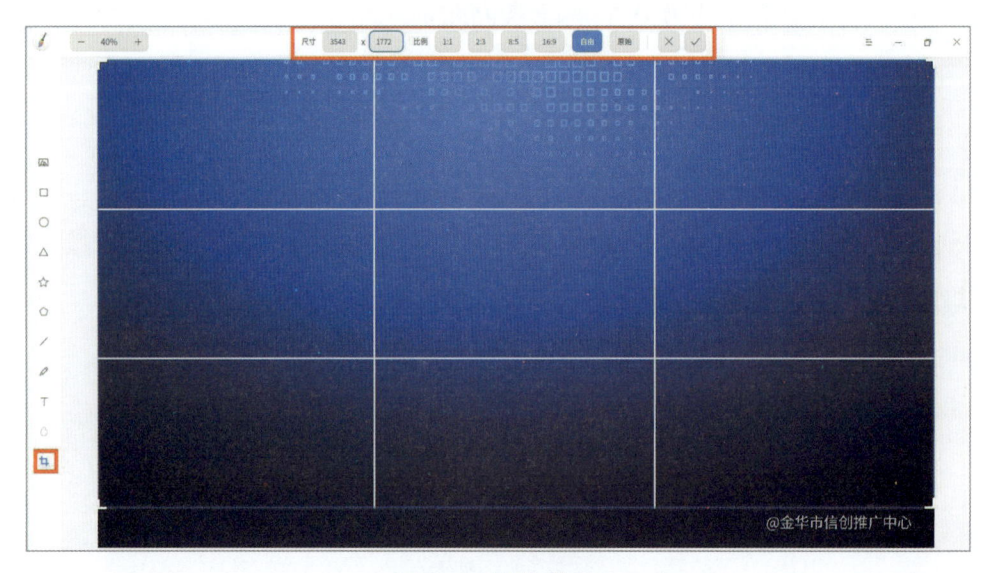

图 8-2　图像裁剪

（3）导出图像。单击"画板"窗口右上角的 ≡ 按钮，单击"导出"按钮，修改文件名为"背景"，文件格式为"jpg"，保存至桌面。

练习：

拍摄一张自己的照片，把照片裁剪成二寸照片。（二寸照片的分辨率为413像素×626像素，照片尺寸为35毫米×53毫米，照片冲印推荐300像素每平方英寸。）

第 9 课 图像素材的处理

现实生活中，图文并茂的多媒体作品随处可见，如宣传海报、产品包装、杂志插图等。要制作这些作品，一般都需要用图像处理软件先对图片素材进行处理。

一、认识 GIMP

图形图像处理软件有很多，在 UOS 中常见的有 GIMP、Krita、美图秀秀、悟空图像等。其中 GIMP（GNU Image Manipulation Program，GNU 图像处理程序）是一款完全免费且支持自由分发的软件，适用于照片润色、图像合成和图像处理等任务，其界面如图 9-1 所示。

图 9-1　GIMP 界面

二、GIMP 图层

在使用 GIMP 处理图像时，会产生诸多图层，GIMP 是通过各个图层进行各种操作的，用图层来实现图像处理效果是一种直观而简便的方法。

1. 图层的含义

图层就像是含有文字或图形等元素的胶片，一张张按顺序叠放在一起，逐个处理，互不干扰，组合起来形成图像的最终效果，如图 9-2 所示。

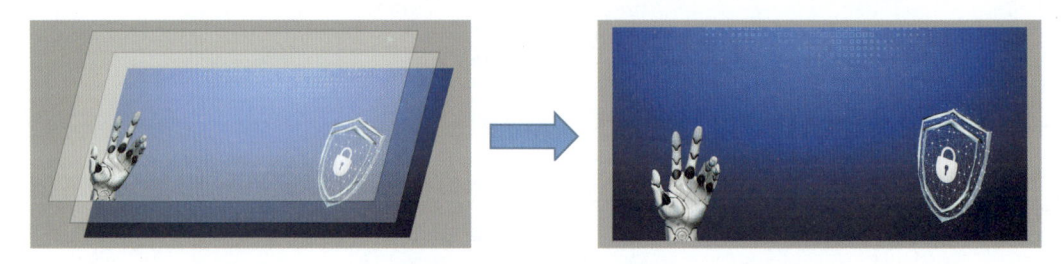

图 9-2　图层的含义

2. 图层的操作

在 GIMP 的"图层"调板中，可以进行图层的新建、删除、重命名、隐藏与显示、固定等操作。

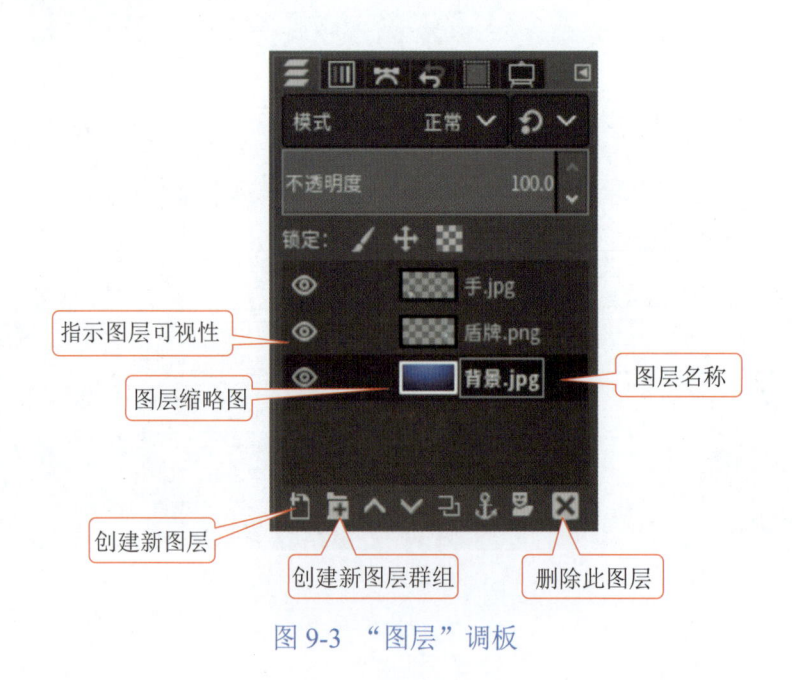

图 9-3　"图层"调板

三、GIMP 基本操作

本节通过制作"网络安全"海报，学习利用 GIMP 添加文字和图片、移动素材、保存和导出作品等基本操作。

（1）启动 GIMP。在"文件"菜单中选择"打开"命令，选中"背景 .jpg"文件，单击"打开"按钮。

（2）输入文字。单击工具箱中的"文字工具"按钮▣，选择图片上的合适位置后单击该处，输入文字"网络安全为人民 网络安全靠人民"，选中文字，可以调整字体、大小和颜色，效果如图 9-4 所示。

图 9-4　输入文字

（3）导入素材（将图像文件作为图层打开）。选择"文件"选项卡→"作为图层打开"→选择"盾牌 .png"→"打开"命令，这时"图层"调板中出现相应的图层。单击工具箱中的"移动工具"按钮▣，适当调整"盾牌 .png"的位置，如图 9-5 所示。

图 9-5 导入素材

（4）保存文件。选择"文件"选项卡→"保存"命令，在"保存图像"对话框中，将名称改为"网络安全"，单击"保存"按钮，即保存了".xcf"格式源文件。如需其他格式文件，则选择"文件"选项卡→"导出"→"选择文件类型"命令，选择所需格式后，单击"导出"按钮，如图 9-6 所示。

图 9-6 导出其他格式文件

练习：

为自己制作一张个性化的名片。

知识链接：

xcf 是 eXperimental Computing Facility 的简称，是 GIMP 保存的图像源文件，具有很多诸如图层的额外特性。该格式类似 Adobe Photoshop 的 PSD 文件格式，支持图层、通道、透明、路径等的存储，不支持撤销历史记录。

第 10 课
图像特效的应用

为图像添加适当的特效，让画面的层次更清晰，内容更丰富，提升图像的整体效果。

一、文字渐变

海报的标题设计至关重要，一个好的标题既能准确地传达海报要表达的内容，又能更吸引人们的注意力。下面介绍利用 GIMP 的"按颜色选择工具"和"渐变工具"，美化海报标题。

（1）将文字转化为选区。打开"网络安全.xcf"文件，选中文字图层，在工具箱中找到"按颜色选择工具" ，再单击文字，此时文字转化为选区，如图 10-1 所示。

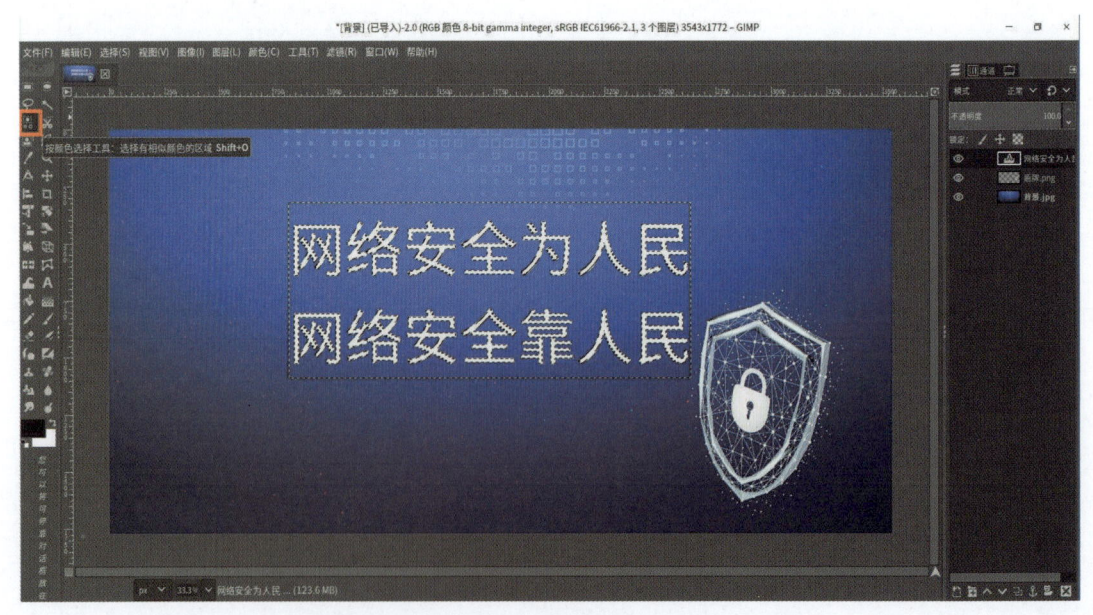

图 10-1　按颜色选择工具

(2)使用渐变工具。双击工具箱中的"渐变工具"，调出渐变工具选项，选择适当的渐变色，在文字图层上，从上向下填充渐变颜色，此时标题文字呈现出一种渐变色彩的特殊效果，如图10-2所示。完成设置后，退出"渐变工具"，选择"选择"选项卡→"无"命令，也可利用"Shift+Ctrl+A"组合键取消选区。

图 10-2　渐变工具

二、图层混合模式

图层混合模式的作用是可以用不同的方法将对象的颜色与底层对象的颜色混合。在图像合成过程中，利用图层混合模式可以让图像融合更自然。

选中"盾牌.png"图层，在"模式"下拉列表中选择"减淡"选项，如图10-3所示。添加图层混合模式前后的对比如图10-4所示。

图 10-3　图层混合模式

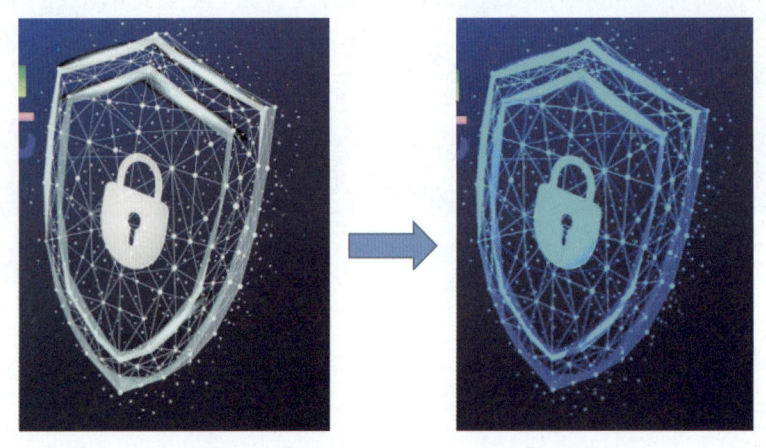

图 10-4　添加图层混合模式前后对比

三、去除背景色

为使图像画面更丰富，具有更好的呈现效果，我们有时需要增加图像素材，并对其进行相应的处理，如调整大小、去除背景色等。下面介绍利用"缩放工具"和"模糊选择工具"，调整"机器人手臂"素材的大小并去除黑色背景，提升画面协调性。

(1)将"机器人手臂.jpg"素材作为图层打开。

(2)缩放图像。在工具箱中选择"缩放工具"，将素材缩放至合适大小，如图10-5所示。

图10-5 缩放图像

(3)去除背景色。双击"模糊选择工具"，开启"模糊选择工具"选项，调整"阈值"，单击"机器人手臂"图层的背景处，出现有虚线的选区，按下Delete键，即可删除背景，如图10-6所示。

图10-6 去除背景色

四、添加滤镜

滤镜主要是用来实现图像的各种特殊效果的。

在"滤镜"菜单中选择"光线和阴影"→"超新星"命令，在"超新星"对话框中调整参数，如图 10-7 所示，指尖发出强光的效果，给人以触碰点击的视觉冲击，使画面更灵动。

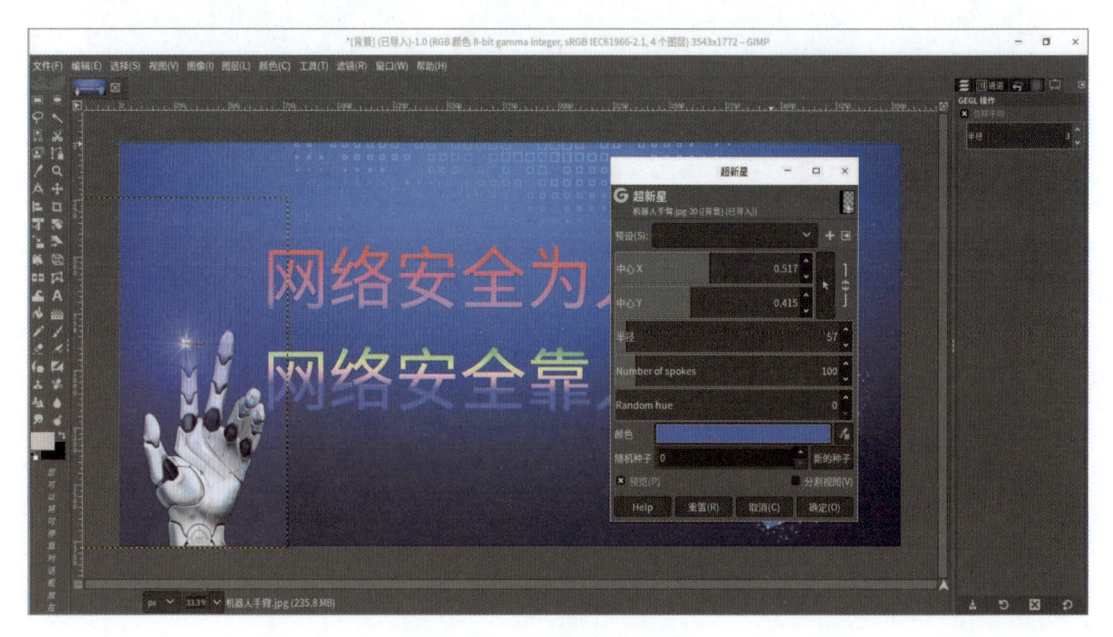

图 10-7　网络安全海报

练习：

综合运用所学的 GIMP 操作技能，完善作品，并将作品保存为 BMP 或 JPEG 等格式。

第 4 单元 音频处理

我们生活在声音的世界里,声音无处不在,它使整个世界充满勃勃生机。敲锣打鼓的声音,是因为打击这些乐器产生振动而发声。人们打电话时因声波推动麦克风的线圈振动,将声波变为模拟的电信号,通过录音装置将声音记录下来,我们称之为模拟音频。因为计算机只能处理数字信号,故声波必须转换为数字信号组成的数字音频后,才能被计算机存储和处理,这个过程就是声音的数字化。数字音频在日常生活中有着广泛的应用,数字音频处理技术能实现音频的有效创作,满足实际需求。

本单元以"人工智能解说词"配音为主题,围绕日常音频剪辑常见操作,以 audacity 软件为例,学习音频素材的获取及简单编辑,掌握音频素材的处理、音频效果的使用,让读者体验日常生活中音频剪辑处理的基本环节,培养读者的音频处理能力。

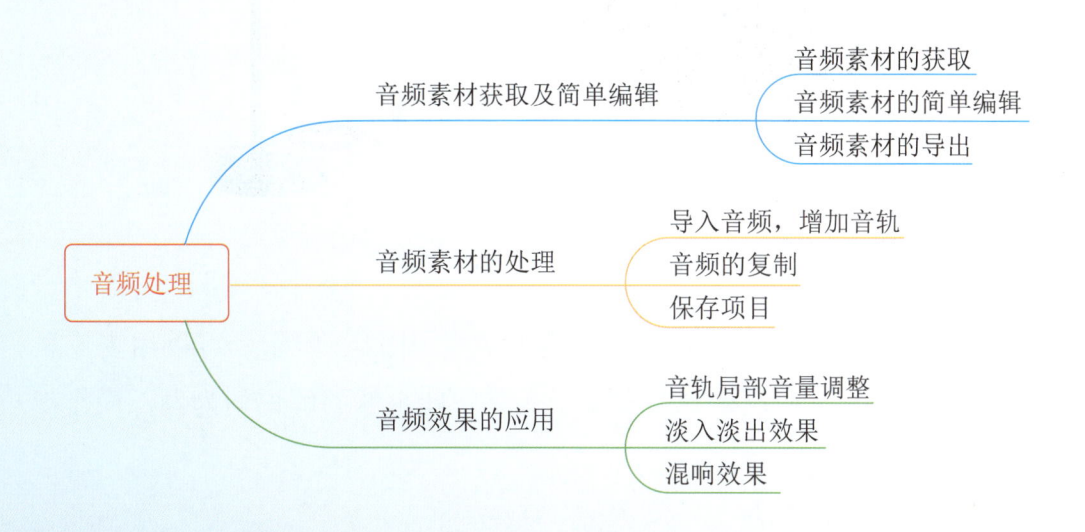

- 音频处理
  - 音频素材获取及简单编辑
    - 音频素材的获取
    - 音频素材的简单编辑
    - 音频素材的导出
  - 音频素材的处理
    - 导入音频,增加音轨
    - 音频的复制
    - 保存项目
  - 音频效果的应用
    - 音轨局部音量调整
    - 淡入淡出效果
    - 混响效果

第 11 课
音频素材获取及简单编辑

数字音频是一个用来表示声音强弱的数据序列，由模拟音频信号经采样、量化和编码后得到。数字音频的编码方式就是数字音频格式，不同的编码格式对应不同的音频文件，如大家熟悉的 wav、mp3、ogg 等。在多媒体作品中，音频是不可缺少的元素，合适的背景音乐会使人产生情绪上的共鸣，增强作品的表现效果。

一、音频素材的获取

音频素材的获取有多种途径，可以从网络上下载，也可以用 CD 翻录，还可以通过音频设备（如声卡和麦克风）进行采集，如图 11-1 所示。

图 11-1　声卡和麦克风

利用 UOS 中安装的 audacity 应用程序，如图 11-2 所示，可以用麦克风方便地录制音频。下面以录制一段关于人工智能主题的解说词为例，操作步骤如下。

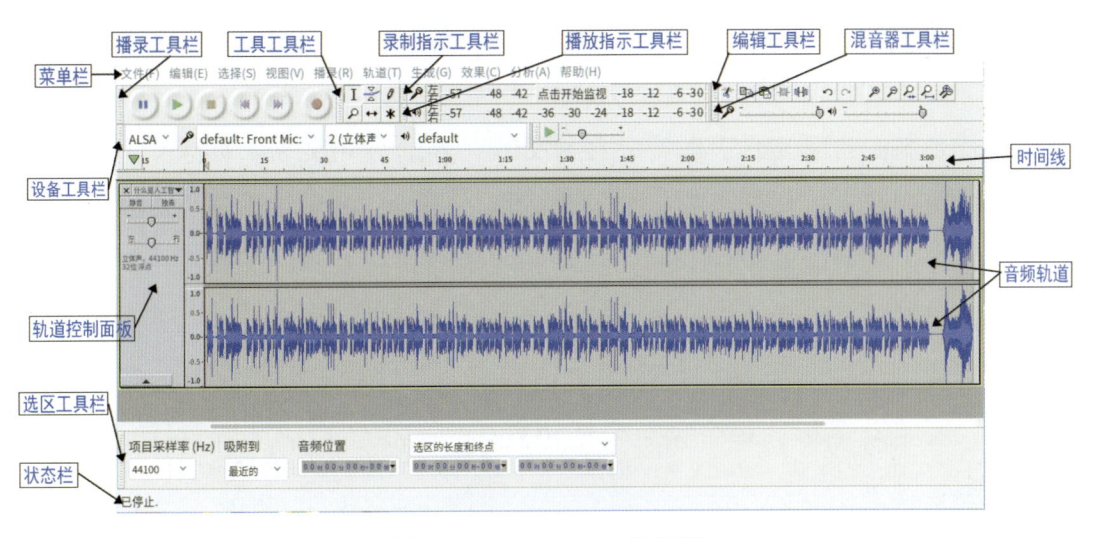

图 11-2 audacity 工作界面

（1）准备好"人工智能"主题的解说词，将麦克风连接上计算机。

（2）运行 audacity 软件，单击"audacity 播录工具栏"上的"录制/录制新轨道"按钮开始录音，如图 11-3 所示。

图 11-3 播录工具栏

（3）录音结束后单击"停止"按钮。

（4）如果要试听录好的音频，可单击"播放"按钮。

在 UOS 中，可到应用商店下载相关音频播放软件，如 gmusicbrowser、qmmp 等，用 Sound Converter 可实现 mp3、flac、wav 等不同音频文件的转换。

录音提醒：

（1）在录音之前，通过"控制中心"→"声音"→"输入"命令，选择"输入设备"，调整好耳麦的音量，其中的"噪音抑制"开关可以有效抑制录音时的噪音干扰。

（2）在"录制指示工具栏"上，单击"点击开始监视"按钮，可动态显示"录制电平"大小。

二、音频素材的简单编辑

自行录制的音频文件有时需要经过处理才符合使用要求，如录音时可能会产生一些噪音或有较长的停顿需要删除。以 audacity 音频编辑软件为例，对之前录制的"人工智能解说词"的开头和结尾部分进行剪辑，即保留中间部分，操作步骤如下。

（1）使用"工具工具栏"中的"选择工具"，单击需要保留的音轨片段起始处，并拖动鼠标选择音频至合适位置，使得保留音频区域背景呈高亮度选择状态。

（2）单击"编辑工具栏"中的"修剪选定外的音频"按钮，即可删除多余音频，如图 11-4 所示。

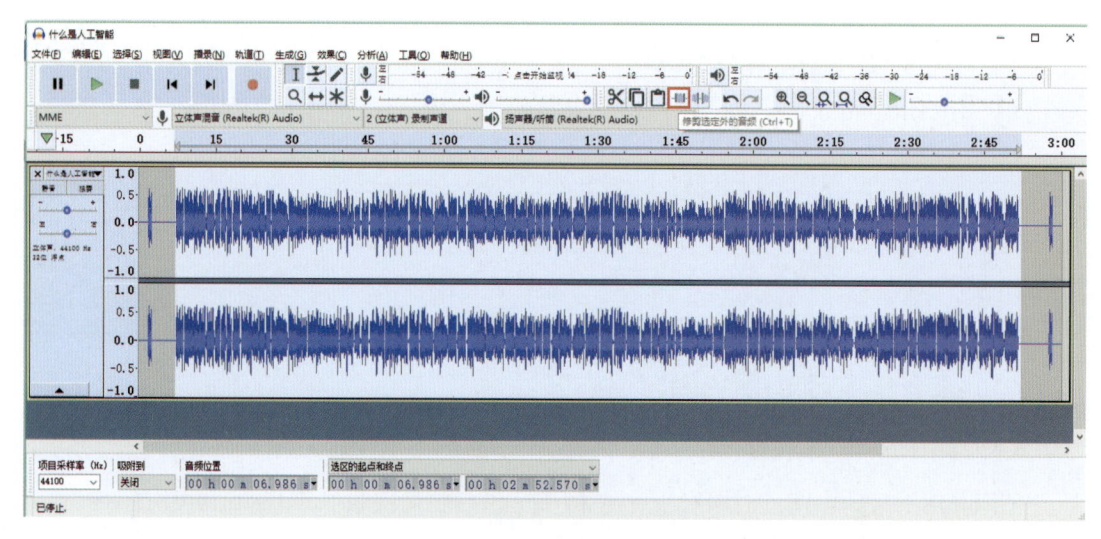

图 11-4　修剪音频

注意：在"选区工具栏"中，选择类型选项有 4 种类型可供选择。

教你一招：

（1）在音乐播放的过程中，可以按下"Ctrl + M"组合键，系统会自动生成一个标签轨道，在标签轨道上可为音乐做剪辑点的标记。在标记处，可以输入批注的文字，以方便后续剪辑。

（2）对于录制音频中的瑕疵音频，如停顿、咳嗽、错误等问题，可以通过鼠标左键单击并拖动，选中该瑕疵音频，用"编辑工具栏"中的"剪切"按钮删除。

三、音频素材的导出

经录制、简单编辑后的音频素材，可以导出为单独的音频文件保存，操作步骤如下。

（1）选择"文件"菜单→"导出"菜单选项→"导出为wav"命令。

（2）在弹出的对话框中，选择文件保存路径，输入文件名如"人工智能解说词"，单击"保存"按钮。

练习：

录制一段自我介绍的音频，删除头部、尾部及中间较长的停顿，使得音频能流畅播放。

第 12 课　音频素材的处理

我们在日常生活中看到的各类影视节目、诗歌朗诵等，其中的视频、解说词和背景音乐的长度都能做到恰到好处的配合，它们都是经过后期剪辑处理的。音频处理的一般流程是先录制解说词类音频素材，再查找合适的背景音乐素材，因获取的背景音乐素材可能有多个且长短不一，这就需要对这些素材进行编辑处理。为方便编辑，一般把解说词类语音素材和背景音乐素材放在不同音轨上，在各种音频编辑软件中都有类似功能。

以上一课的"人工智能解说词.wav"加配背景音乐为例，用 audacity 实现编辑操作。

一、导入音频，增加音轨

（1）运行 audacity 软件，打开音频文件"人工智能解说词.wav"，我们把该音轨作为"解说词音轨"，如图 12-1 所示。

（2）选择"文件"菜单→"导入"选项→"音频…"命令，在对话框中找到"背景音乐.mp3"，打开之后，增加了一个名为"背景音乐.mp3"的音轨，如图 12-1 所示。

教你一招：

在不导入音频的情况下，可通过"轨道"菜单中的"增加新轨道"命令实现增加音轨，对于上述更复杂的背景音乐可采用更多音轨进行编辑。反之，可通过"轨道"菜单中的"删除轨道"命令实现删除多余音轨。

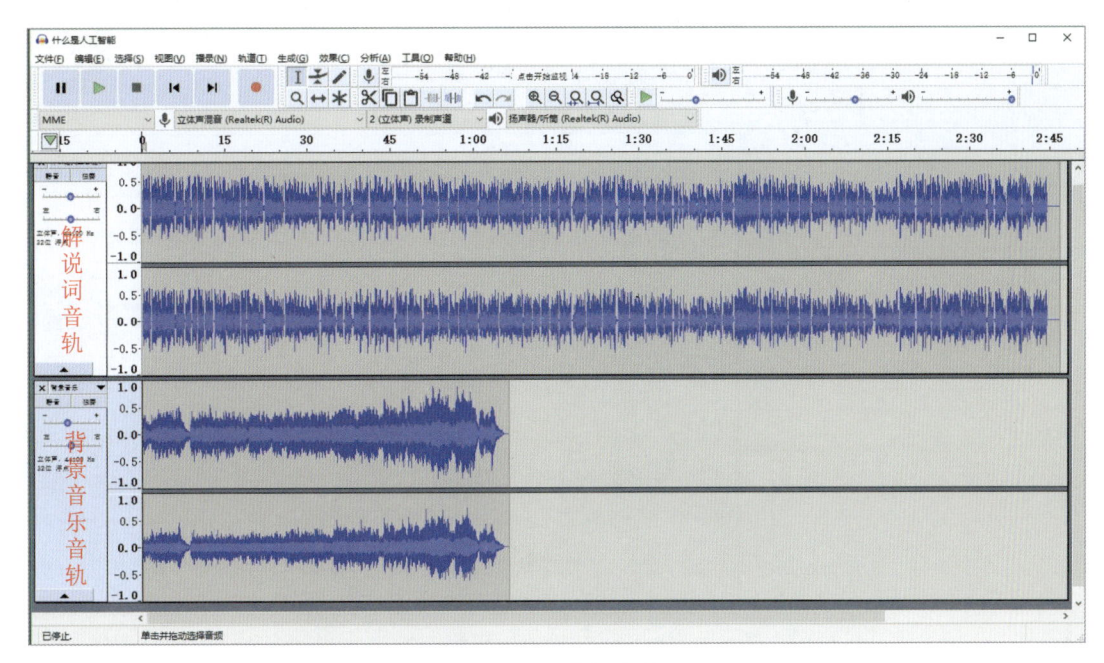

图 12-1　增加音轨

二、音频的复制

"人工智能解说词 .wav"和"背景音乐 .mp3"两者播放时间长度不一致，背景音乐时长过短，因此会出现部分解说词没有背景音乐的情况。下面通过简单复制两遍"背景音乐 .mp3"，来增加背景音乐时长，具体操作如下。

（1）选择"背景音乐"音轨，使用"选择工具"，在音轨片段起始处单击并拖动鼠标至音轨尾部，使该区域呈高亮度选择状态。

（2）单击"编辑工具栏"中的"复制"按钮，如图 12-2 所示。

（3）选择背景音乐音轨，在音轨上单击定位插入位置，单击"编辑工具栏"中的"粘贴"按钮。

教你一招：

（1）若背景音乐太长，可高亮度选择合适长度的音频片段，然后单击"编辑工具栏"中的"剪切"按钮，裁短背景音乐。

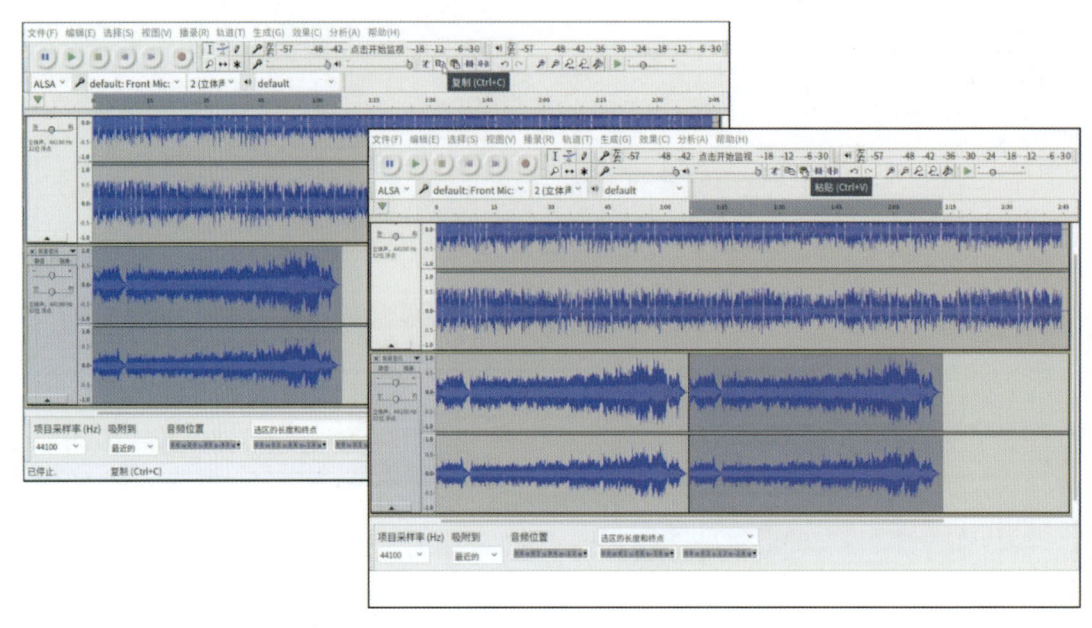

图 12-2　复制音频

（2）编辑过程中，如需要让音轨内某一小部分音频不再发声，可在该片段起始处单击并拖动鼠标，使得该区域呈高亮度选择状态，然后单击"编辑工具栏"中的"静音音频选区"按钮。

三、保存项目

保存的 audacity 项目文件，包含了该项目的所有音轨的信息，文件的扩展名为 aup。

保存项目时，系统会自动产生一个"同名_data"的文件夹，删除该文件夹将导致项目再无法打开。

练习：

用两个音轨实现给"自我介绍"配音，当播报主题"xxx 自我介绍"时无背景音乐，介绍正文内容时有背景音乐，注意自我介绍和背景音乐保持合适音量，以能听清"自我介绍"为宜。

知识链接：

轨道控制面板：每个音轨左侧是"轨道控制面板"。当"静音"按钮为按下状态时，单击"播放"按钮，将不会听到本音轨中的声音。当"独奏"按钮为按下状态时，单击"播放"按钮，只能听到该音轨的声音。可以通过调节"轨道控制面板"上的音量滑块，改变该音轨整体音量大小。

包络工具介绍：音频编辑软件中常有调节音频包络线的工具，包络线是控制音量的曲线，可以在线上任何位置插入变化点，进行细微调整。简单理解就是包络线是音频信号各个峰值点连接在一起而形成的曲线，我们可以用包络工具调节该曲线。audacity 软件中音频包络线如图 12-3 所示。单击"工具栏"中的"包络工具"后，在对应音轨顶部和底部出现 2 条蓝线，这 2 条蓝线就是包络线。包络线可以将文件分成小块，可任意调整块的音量。在音轨中的任意位置单击即可创建新的控制点，再单击一下，就能选取一段。拖动顶部或底部手柄可确保不会将音频音量拖到其原始音量包络之外。拖动内部手柄可将一段安静的音频放大到轨道的原始音量包络之外。

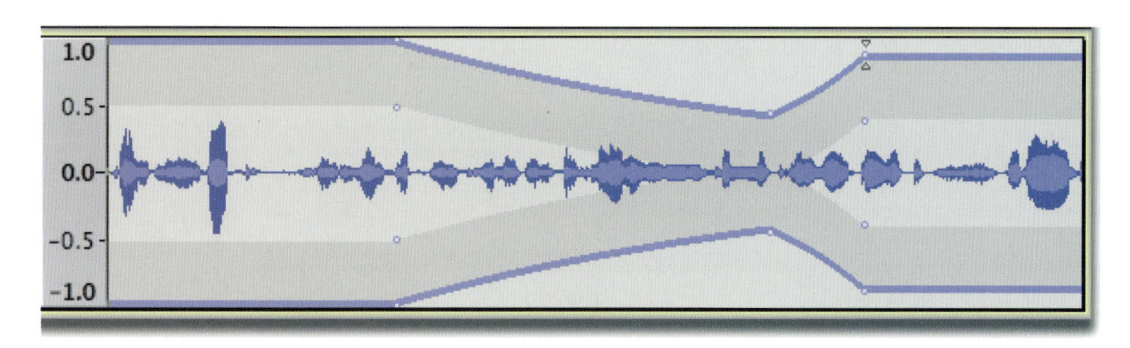

图 12-3　音频包络线

第 13 课
音频效果的应用

音频处理过程中,在完成音频的获取和编辑后,往往还需对音频进行修饰,如局部音量调整和音频效果的应用,很多音频编辑软件都有类似功能。下面以 audacity 软件为例简介音频效果的应用,这些功能都在"效果"菜单之中。

一、音轨局部音量调整

在应用多个背景音乐素材的情况下,各素材之间音量大小不一,太响会造成耳朵不舒服,太轻则听不到声音,影响整体效果。我们可以通过下列方法,来调整音量大小,具体操作步骤如下。

选择相应音轨,在素材起始处单击并拖动鼠标至合适位置,使得该区域呈高亮度选择状态,单击"效果"菜单,选择"增幅(放大)"命令,拖动中间的滑块,以决定要将此音乐增大或减少多少 DB(分贝),试听直至调整到满意的结果,如图 13-1 所示。

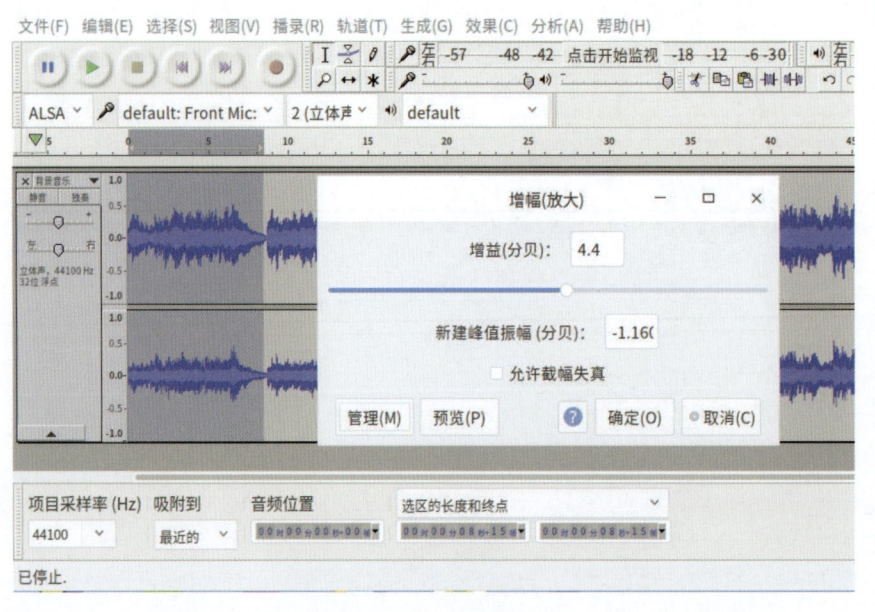

图 13-1 增幅(放大)

注意：在"增幅（放大）"对话框中，在"允许截幅失真"未勾选状态下，若增益过大会导致"确定"按钮失效。

二、淡入淡出效果

在电视上的 MTV 节目中经常使用淡入淡出效果，淡入效果就是开始的时候无声，然后声音以线性方式慢慢增大；淡出效果则是在结尾部分声音缓缓地低下去，直至听不见，运用好了会有很强的感染力。添加淡入淡出效果的操作步骤如下。

（1）使用"选择工具"，选择需淡入的音频部分，单击起始处并拖动选择合适长度的音频，使得该音频区域呈高亮度选择状态，单击"效果"菜单，选择"淡入"命令，如图 13-2 所示。

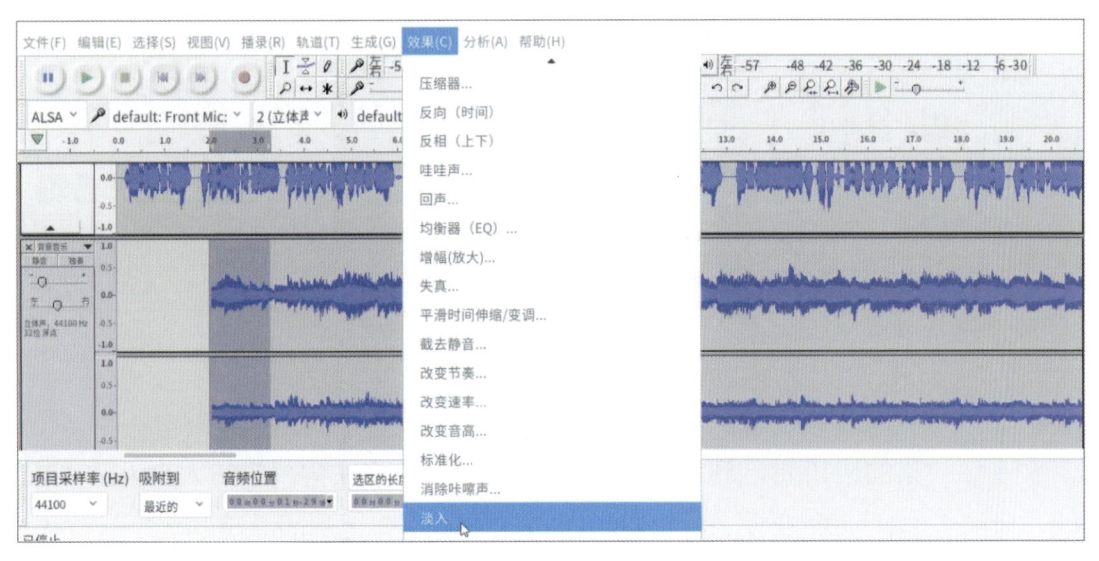

图 13-2　淡入效果

（2）使用"选择工具"，选择需淡出的音频部分，单击起始处并拖动选择合适长度的音频，使得该音频区域呈高亮度选择状态，单击"效果"菜单，选择"淡出"命令，试听直至调整到满意的结果。

三、混响效果

混响的效果取决于空间的声学特征，如在山洞里的混响效果和在音乐厅里是不同的。混响会让声音显得更为饱满、动听，如果不加混响，声音会发干。我们所听到的音乐大部分都是经过混响处理的。添加混响效果的操作步骤如下。

（1）使用"选择工具"，在需要添加混响的音轨片段起始处单击，并拖动鼠标至合适位置，使得该音频区域呈高亮度选择状态。

（2）单击"效果"菜单，选择"混响"命令，在出现的"混响"对话框中手工调节混响的各项参数。也可单击"管理"按钮，选择"出厂预设"命令，在各类大小不同的空间中选择合适的混响效果，如图 13-3 所示。

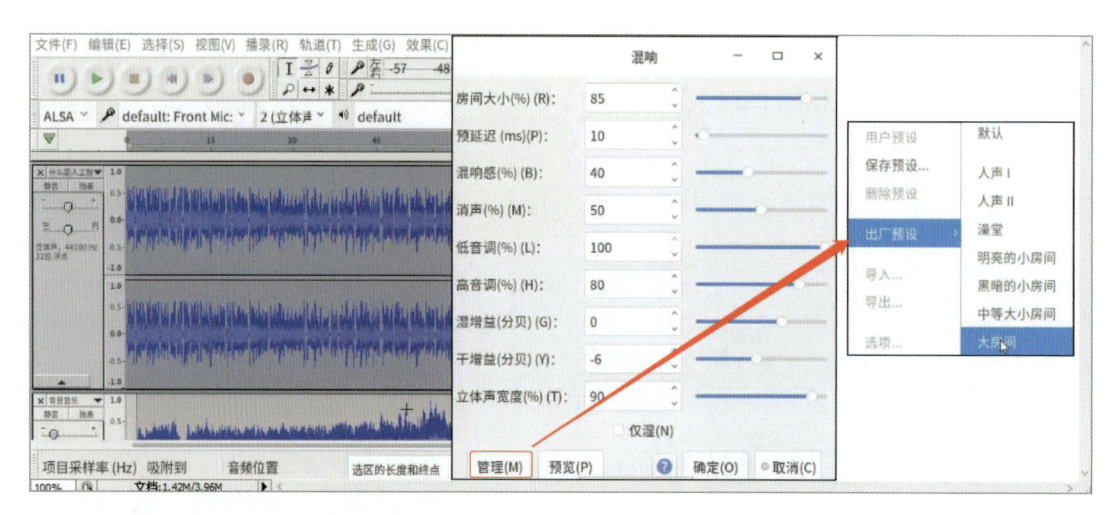

图 13-3　混响效果

音频效果的应用要恰到好处才好，犹如烧汤时的佐料，放的太少，清淡无味；放的太多，过犹不及；只有放的适当，才能起到理想的效果。

练习：

（1）给"自我介绍"添加以下效果，要添加其他效果请自拟。

解说词降噪处理，标题变速处理，介绍正文开始 1 秒后背景音乐淡入，介绍正文结束后背景音乐淡出，添加一种在"大房间"内进行演讲时略带混响的效果。

（2）运用前面所学知识，录制一首自己擅长的歌曲并配上背景音乐，或朗诵一首诗歌并配乐，为后续的视频创作积累音频素材。

知识链接：

声波在室内传播时，要被墙壁、天花板、地板等障碍物反射，每反射一次都要被障碍物吸收一些。这样，当声源停止发声后，声波在室内要经过多次反射和吸收，最后才消失，我们就感觉到声源停止发声后还有若干个声波混合持续一段时间（室内声源停止发声后仍然存在的声音延续现象），这种现象叫作混响。可简单理解为在一个巨大的空荡房间，大吼一声啊，会听到回声，啊~~~ 啊~~~，如空荡房间变小了，回声相应变短为啊~~。

第 5 单元
视频处理

视频是生活中较为常见的一种媒体,以数字视频的形式来传递信息,能够更加直观、生动、真实、高效地表达现实世界,所传递的信息量非常丰富,远远大于文本或静态的图像。

在本单元中,通过对视频素材获取的体验,使读者了解获取视频素材的基本方法,并掌握对视频素材进行简单加工的方法;通过对视频的剪辑及特效的应用,使读者学会制作短视频,并能应用到今后的学习与生活中。

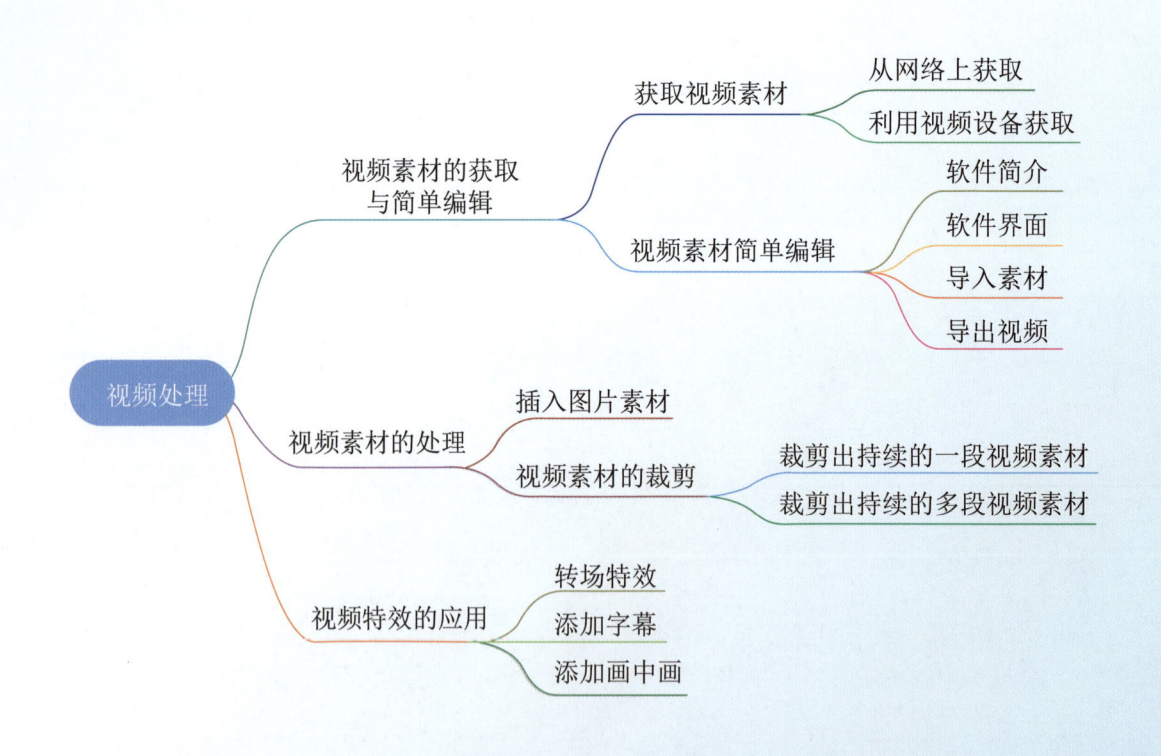

- 视频处理
  - 视频素材的获取与简单编辑
    - 获取视频素材
      - 从网络上获取
      - 利用视频设备获取
    - 视频素材简单编辑
      - 软件简介
      - 软件界面
      - 导入素材
      - 导出视频
  - 视频素材的处理
    - 插入图片素材
    - 视频素材的裁剪
      - 裁剪出持续的一段视频素材
      - 裁剪出持续的多段视频素材
  - 视频特效的应用
    - 转场特效
    - 添加字幕
    - 添加画中画

第 14 课
视频素材的获取与简单编辑

视频是一种由连续画面组成动态图像的表现形式，也称活动图像或运动图像，是生动直观的信息载体。多媒体作品利用数字视频的形式来传递信息，能够更加直观、生动、真实、高效地表达现实世界，可以增强作品的观赏性和感染力。

一、获取视频素材

1. 从网络上获取视频

网络是获取视频素材的有效途径，可以通过百度、必应等搜索引擎搜集并下载视频。如图 14-1 所示，使用必应搜索引擎查找关于"人工智能"的视频素材，搜索结果一般需要用视频下载软件（如 UOS 系统自带的"下载器"，如图 14-2 所示）来获取。

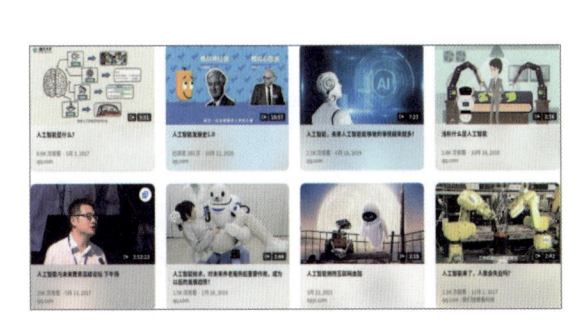

图 14-1　在搜索引擎中查找视频素材　　图 14-2　"下载器"界面

2. 使用录屏功能录制视频

使用 UOS 系统自带的截图录屏软件可以录制网络上无法用 UOS 系统自带

的"下载器"下载的视频。截图录屏软件是一款集截图和录屏功能于一体的软件，可以随时截图录屏，操作简单方便。

使用截图录屏软件，可以全屏录制、区域录制、摄像头录制、扩展屏录制，可以将视频保存为 GIF、MP4、MKV 格式，也可以调整帧数。

第一步：进入录屏模式。

按下"Ctrl＋Alt＋R"组合键，进入录屏模式。在截图模式中，单击"录屏"按钮，也可以进入录屏模式，如图 14-3 所示。

图 14-3　录屏模式

第二步：设置录屏所需功能。

在录屏模式下，单击"录屏"工具栏上的按钮，可以录制声音、摄像头画面、按键显示等，具体操作步骤如下。

（1）设置录屏格式、帧数。

（2）选择录屏范围。

①全屏录制，直接单击屏幕，默认录制全屏。

②区域录制，按住鼠标左键并拖动鼠标，选择录制区域。

（3）选择录制声音的来源。

在工具栏上单击"录音开启"按钮，选择声音来源，可以选择开启"系统音频"或"麦克风"，也可以两个都开启。

（4）录屏时显示键盘的操作

在工具栏上单击"显示按键"按钮【Fn】，可以在录屏时显示键盘的操作，最多可同时显示 5 个按键。

（5）摄像头录制时开启摄像头。

在工具栏上单击"开启摄像头"按钮，拖曳摄像头窗口可以调整其位置。

（6）录屏时显示鼠标的操作。

在工具栏上单击"录制鼠标"按钮，可以选择开启"显示光标"或"显示点击",也可以两个都开启。

第三步:录屏开始📹。

第四步:结束录屏,保存文件。

按"Ctrl + Alt + R"组合键,或者单击屏幕右下角的"录制"按钮,结束录屏。录制好的视频默认保存在计算机桌面。

3. 用视频设备获取视频

利用视频捕捉卡和视频工具软件可以对摄像机中的视频信号进行捕捉,并生成数字视频文件。利用数字摄像机、数码相机、手机等数字设备可以直接拍摄生成数字视频文件,如图 14-4 所示。

图 14-4　摄像机与手机

二、视频素材简单编辑

搜集到的视频素材通常要经过加工处理才能符合我们使用的需求,视频处理软件具备简单的编辑功能,UOS 系统中常见的视频剪辑软件有 Kdenlive、Openshot 等。下面以视频处理软件 Kdenlive 为例,对搜集到的"人工智能"素材进行简单的编辑。

1. Kdenlive 软件简介

Kdenlive 是一款自由开源的免费视频剪辑软件,项目发起于 2003 年。Kdenlive 支持双视频监控、多轨时间线、剪辑列表、自定义布局、基本效果,以及基本过渡效果。

Kdenlive 基于 Qt 和 KDE 程序库框架构建,大部分的视频处理功能则是通过 MLT 媒体程序框架实现的，而 MLT 的功能则是基于 FFmpeg、frei0r、movit、ladspa、sox 等自由开源软件项目实现的。Kdenlive 的设计思路是尽可能满足大多数用户的需要，从基本视频剪辑到专业剪辑都能胜任。

它支持多种文件格式和多种摄像机、相机，包括低分辨率摄像机（Raw 和 AVI DV 编辑）、mpeg2、mpeg4 和 h264 AVCHD（小型相机和便携式摄像机）、高分辨率摄像机文件（包括 HDV 和 AVCHD 摄像机）、专业摄像机（包括 XDCAM-HD™流、IMX™（D10）流、DVCAM（D10）、DVCAM、DVCPRO™、DVCPRO50™流及 DNxHD™流）。

2. Kdenlive 软件界面（如图 14-5 所示）

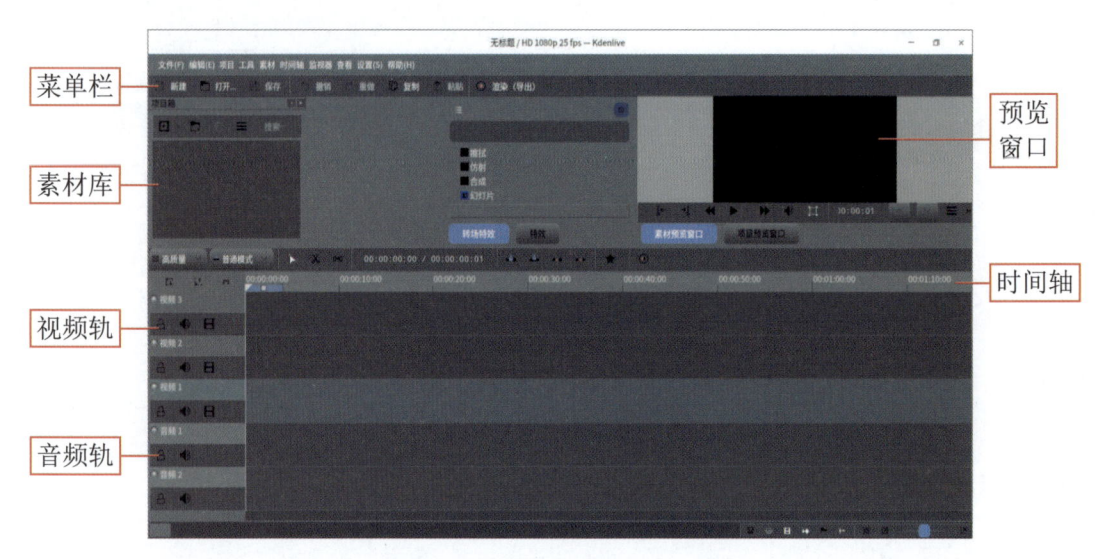

图 14-5　Kdenlive 软件界面

3. 导入素材

（1）插入视频素材。

运行 Kdenlive 软件，在"项目"菜单中选择"添加素材"命令，在出现的对话框中，选择需要裁剪的视频素材，单击"确定"按钮，即可将视频素材导入素材库中。在素材库中选择需要裁剪的视频素材，将其直接拖曳到视频轨中，如图 14-6 所示。

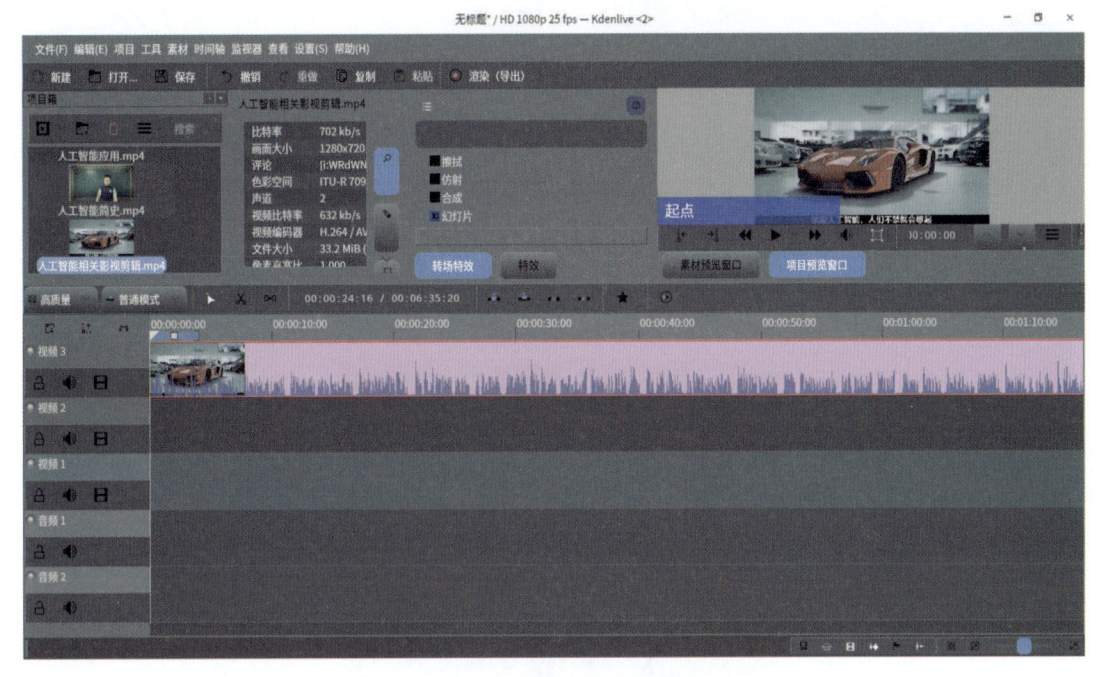

图 14-6　插入视频素材

（2）插入音频素材。

在"项目"菜单中选择"添加素材"命令，在出现的对话框中，选择需要的音频素材，单击"确定"按钮，即可将音频素材导入素材库中。在素材库中选择需要的音频素材，将其直接拖曳到音频轨中，如图 14-7 所示。

图 14-7　插入音频素材

【自主探究】你还有什么方法可以导入视频素材？

4. 导出视频——创建视频文件

在"项目"菜单中选择"渲染（导出）"命令，出现"渲染（导出）"对话框，如图 14-8 所示，在"渲染项目"选项卡中选择视频的保存位置、格式等，在"渲染（导出）任务列表"选项卡中查看导出进度，设置好之后单击"渲染（导出）为文件"按钮，即可将编辑好的视频文件保存下来。

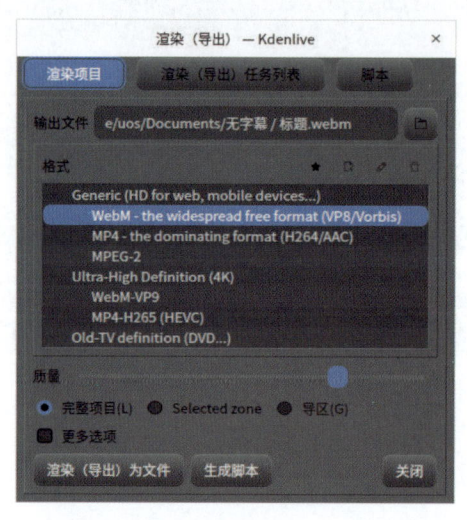

图 14-8 "渲染（导出）"对话框

练习：

尝试从网络上下载一段与"人工智能"有关的视频，并尝试为该视频添加背景音乐。

知识链接：

目前常见的视频文件格式有 AVI、MOV、MPEG、WMV 和 MP4 等。AVI 文件的图像质量高，可在多个平台上使用，但文件体积过于庞大；MOV 文件的存储空间小，大部分摄像机、数码相机采用该格式来存储拍摄的数字视频；MPEG 文件具有很好的兼容性和压缩比；WMV 文件是一种数字视频压缩格式，体积相对较小，适合网络传输和播放；MP4（MPEC-4）是为播放高质量流媒体视频而设计的，可以以最少的数据获得最佳的图像质量。

第 15 课 视频素材处理

随着人们视频剪辑水平的提高，人们对大多数视频的需求已经不再是单调的单素材呈现，需要更多的素材，如音频、叠加图片、文字标题等，来丰富视频画面的质感，提升视频的视听体验。

多轨道剪辑是专业级视频编辑软件都会配备的一项功能，在满足单轨道视频编辑的基础上，还配置了叠加、音乐、声音、标题等独立轨道，用于多素材的叠加，以满足更为复杂的视频编辑需求。下面以 Kdenlive 为例，介绍多轨道视频素材的处理。

一、插入图片素材

将已经制作的人工智能主题海报添加到视频素材之前，作为片头封面。

在"项目"菜单中选择"添加素材"命令，在出现的对话框中，选择需要的图片素材，单击"确定"按钮，即可将图片素材导入素材库中。在素材库中选择需要的图片素材，将其直接拖曳到视频轨中。双击视频轨上的图片素材，可以打开"持续时间"对话框，设置图片素材的持续时间即可，如图 15-1 所示。

二、视频素材的裁剪

上一课中已经学习了视频素材的添加，那么如何对添加到视频轨道中的素材进行裁剪呢？

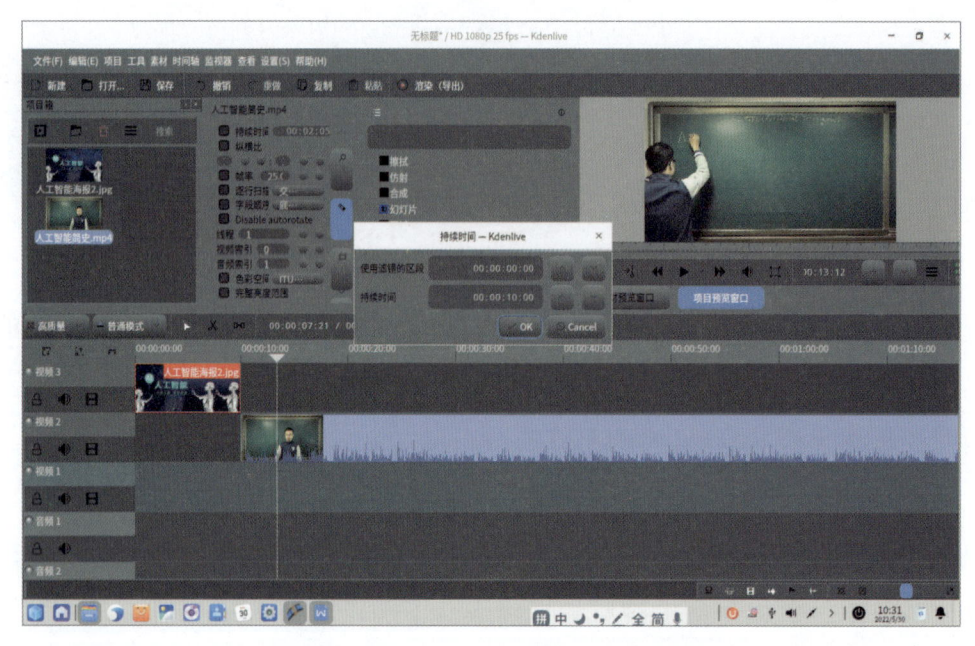

图 15-1　图片素材"持续时间"对话框

1. 裁剪出一段持续的视频素材

双击视频轨上需要进行裁剪的视频，出现"持续时间"对话框，设置需要保留视频的"裁剪起点"和"结束裁剪"时间即可，如图 15-2 所示。

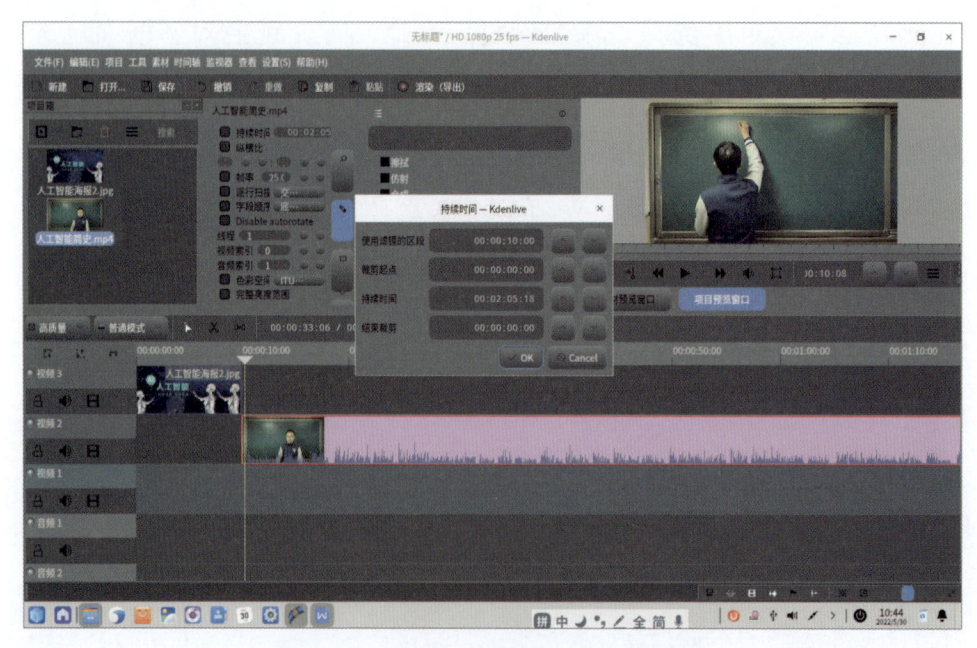

图 15-2　裁剪出一段持续的视频素材

2. 裁剪出多段持续的视频素材

通过"预览"窗口播放视频素材，在需要裁剪的地方单击"暂停"按钮，用"裁剪工具"在视频轨需要裁剪的位置单击，即可将视频分割，如图 15-3 所示，然后删除不需要的视频。使用同样的方法可以裁剪图片素材和音频素材。

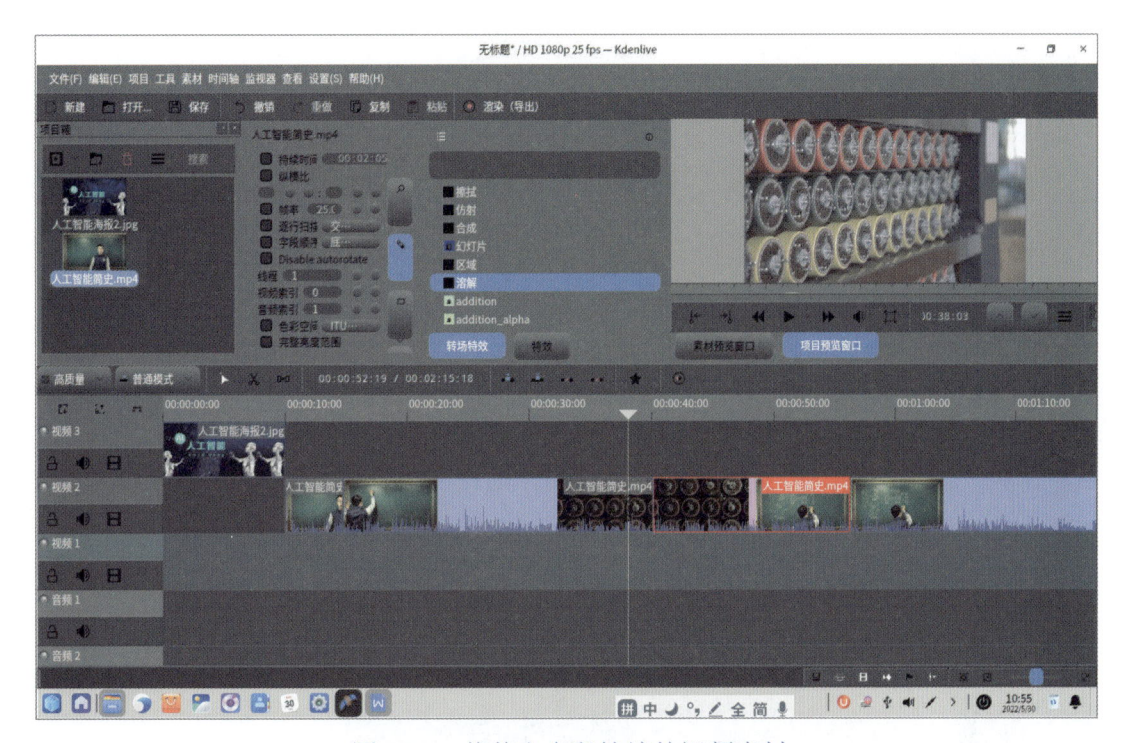

图 15-3　裁剪出多段持续的视频素材

【自主探究】你还有什么方法可以裁剪素材？

练习：

尝试为多段素材进行裁剪，合成一段所需要的素材。

第 16 课　视频特效的应用

精彩的视频往往要叠加特效、音效、文字等多种素材，多轨道可让多种素材同时呈现在同一画面中，形成画中画的效果。为了呼应多素材呈现的需求，就需要使用到多轨道功能，独立控制每一个素材，使得每一个素材都能定制其位置与属性，来呈现所需的画中画、字幕、音频、视频变化效果。

一、转场特效

方法一：首先将需要特效的两段视频分别拖曳到两个视频轨上，然后在"转场特效"窗口中选择一种转场特效，将其直接拖曳到需要转场效果的视频上，当出现一个绿色的"+"后释放鼠标左键，即添加成功，如图 16-1 所示。

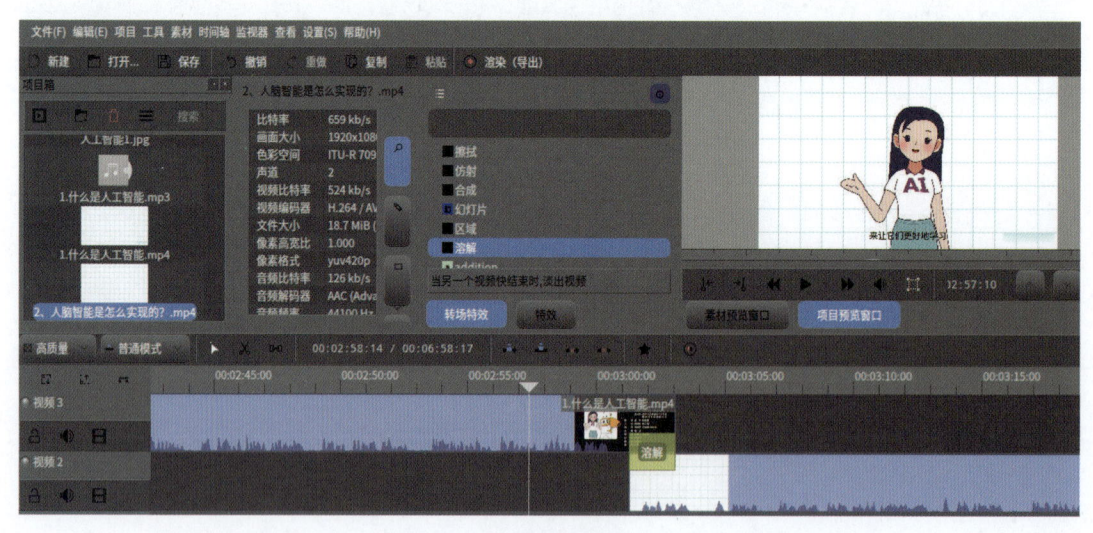

图 16-1　添加单个转场特效

方法二：在需要添加转场特效的视频轨上单击鼠标右键，在弹出的快捷菜单中选择"添加转场特效"命令，然后选择一种转场特效，如图 16-2 所示。

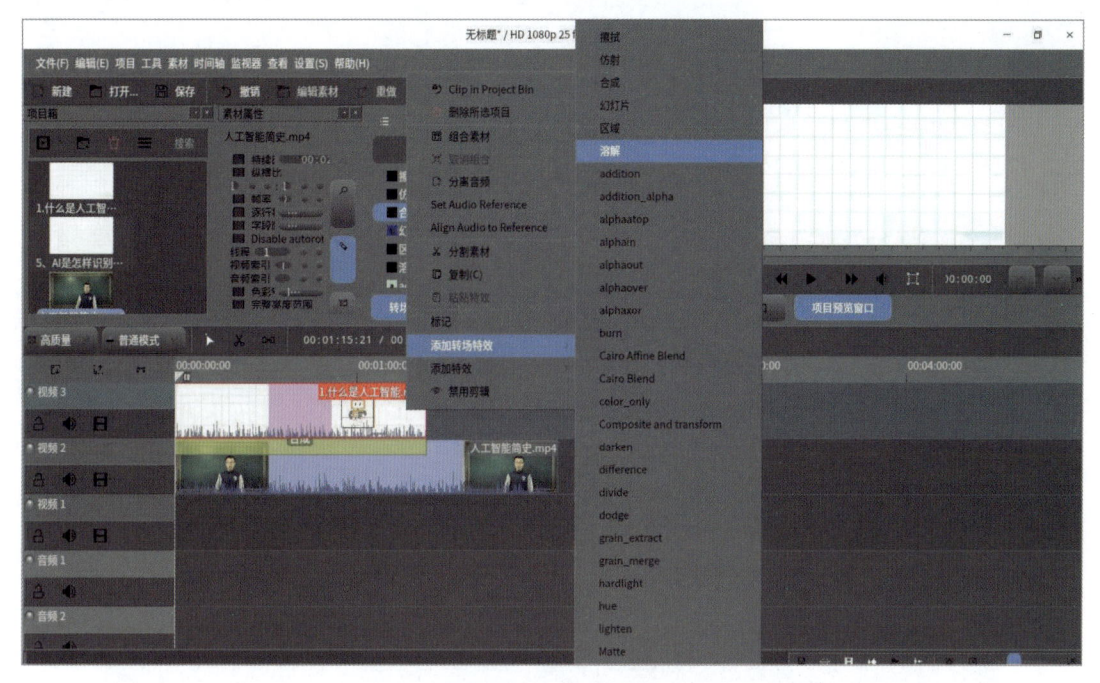

图 16-2　右键快捷菜单添加转场特效

添加对应转场特效后，会显示该特效的相关属性，通过相关属性设置可以直接调整转场特效。在转场特效上双击可以出现设置转场特效的"持续时间"的对话框，如图 16-3 所示。

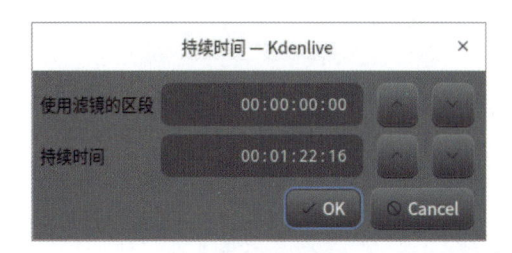

图 16-3　转场特效"持续时间"对话框

一段视频中可以同时添加多个特效，如图 16-4 所示，同时当鼠标指针移动到转场特效边缘，出现 ↔ 时，可以通过拖曳鼠标来设置转场特效的显示时长。

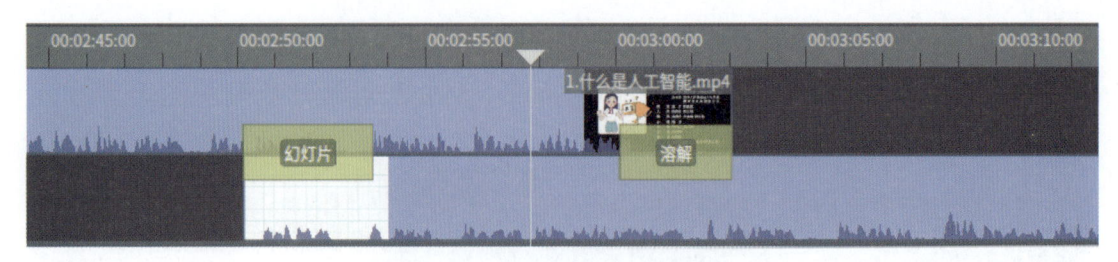

图 16-4　添加多个转场特效

二、添加字幕

在"项目"菜单中选择"添加字幕/标题素材"命令，在出现的"字幕/标题素材"对话框中输入文字，设置相应的属性、背景、动画等，如图 16-5 所示，单击"OK"按钮完成字幕/标题素材的添加。

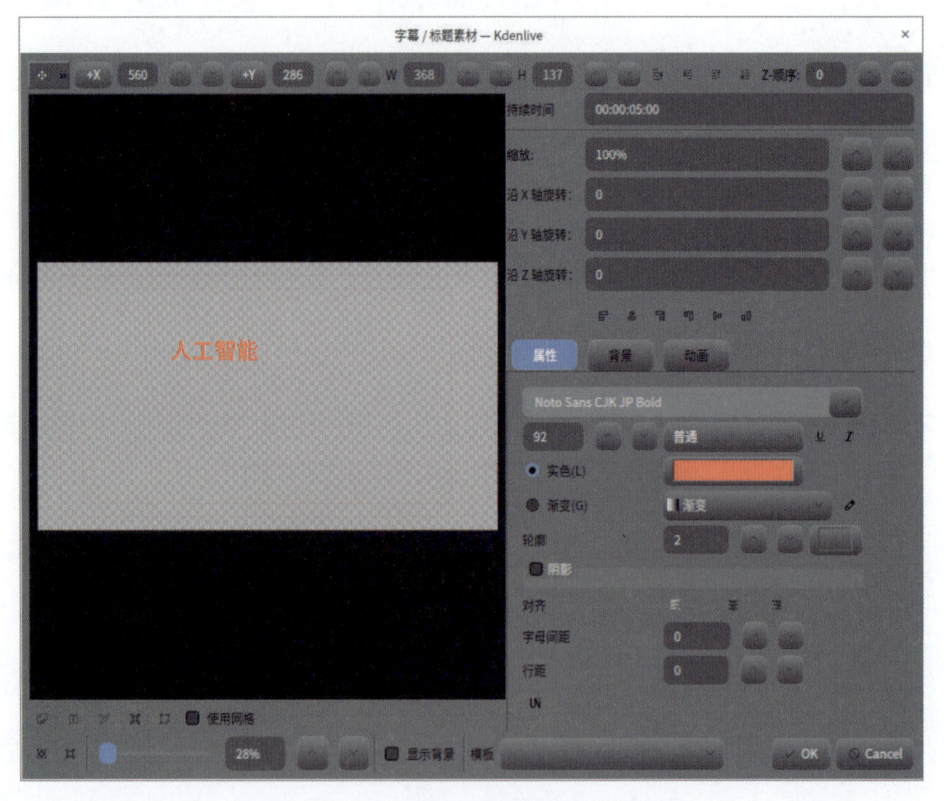

图 16-5　"字幕/标题素材"对话框

制作好的字幕/标题素材会自动保存到项目箱中，将字幕素材直接拖曳到轨道上，如图 16-6 所示，在"预览"窗口中可以看到添加的字幕，字幕显示时长和位置可以自由设置。

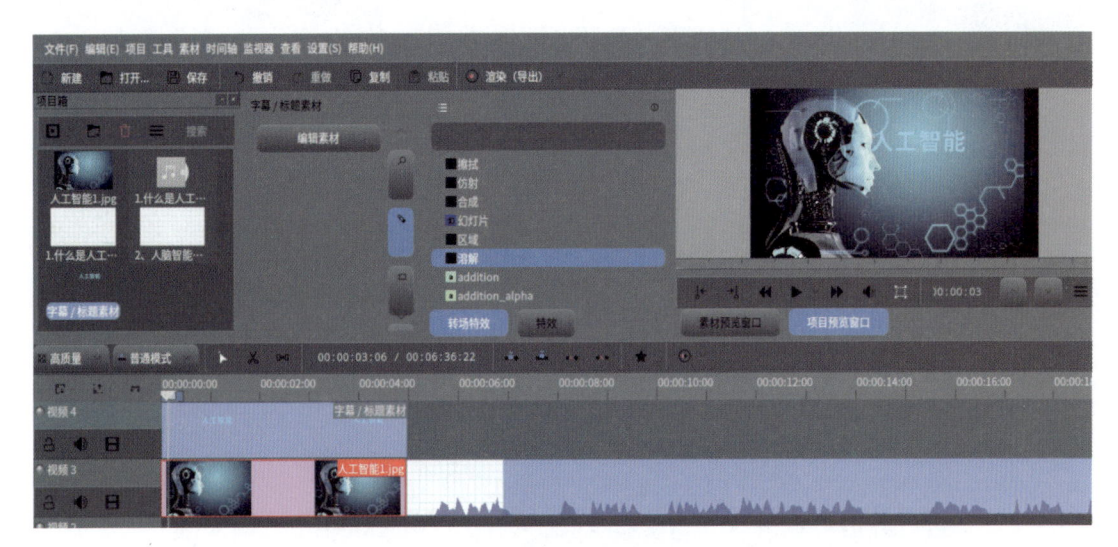

图 16-6　添加字幕/标题素材

三、添加画中画

首先将需要画中画特效的两段视频分别拖曳到两个视频轨上，然后在"转场特效"窗口选择"合成"特效，将其直接拖曳到上面的视频轨上，当出现一个绿色"+"时释放鼠标左键，就可以实现画中画的效果。设置转场效果的时长可以改变画中画的时长，调节"预览"窗口中视频 4 个红色方块可以改变画中画的大小，如图 16-7 所示。

如果"预览"窗口的视频中没有出现 4 个红色的小方块，可以通过单击"预览"窗口的"显示/隐藏编辑模式"按钮来使红色小方块显现，如图 16-8 所示。

图 16-7 添加画中画

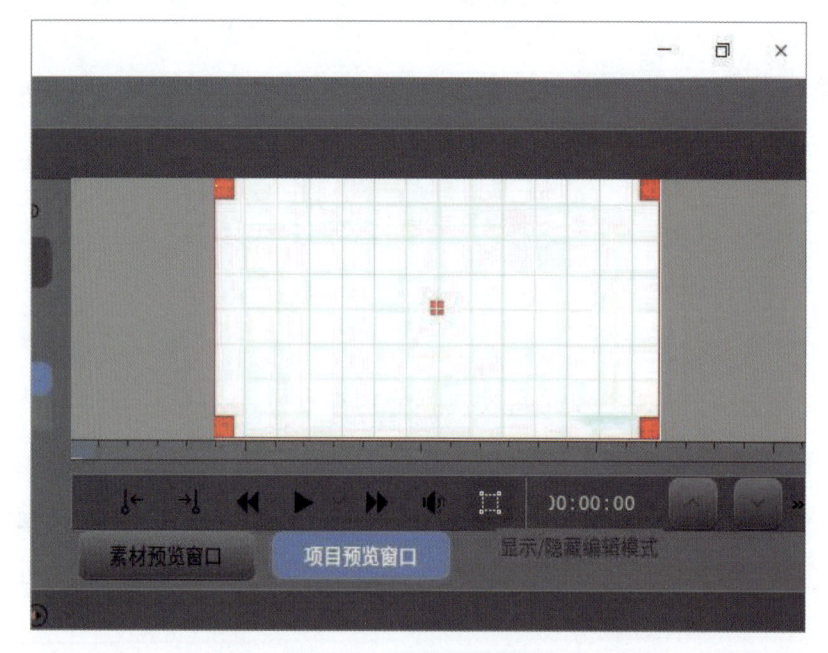

图 16-8 切换编辑模式

练习：

制作一个有关人工智能的短视频。

第 6 单元 Python 开发环境搭建

Python 是目前流行的编程语言，它简单易学、功能全面，是很多编程初学者的第一选择。通过本单元的学习，使读者了解 UOS 系统自带的 Python 环境，学会 IDLE 安装、pip 安装、pip 源配置、Python 常用库安装，初步做好 Python 开发环境的搭建。

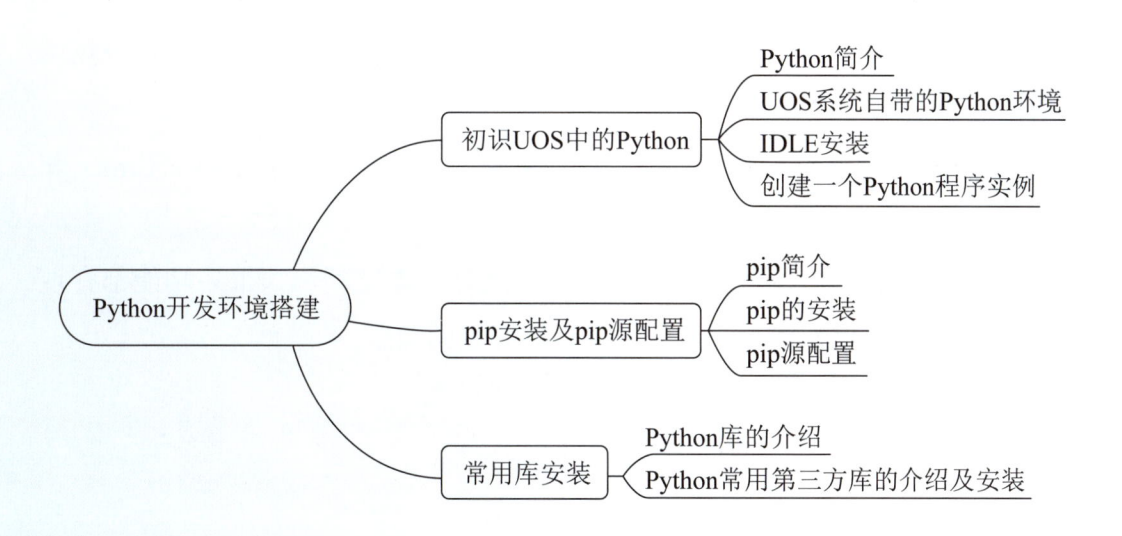

- Python开发环境搭建
  - 初识UOS中的Python
    - Python简介
    - UOS系统自带的Python环境
    - IDLE安装
    - 创建一个Python程序实例
  - pip安装及pip源配置
    - pip简介
    - pip的安装
    - pip源配置
  - 常用库安装
    - Python库的介绍
    - Python常用第三方库的介绍及安装

第 17 课
初识 UOS 中的 Python

一、Python 简介

Python 由是荷兰数学和计算机科学研究学会的吉多·范罗苏姆于 1990 年设计的。Python 简洁的语法和动态类型，以及解释型语言的本质，使它成为众多平台上写脚本和快速开发应用常用的编程语言。近年来 Python 已经成为最受欢迎的编程语言之一。

对于初学者，Python 有以下几个优点。

- 易于学习：Python 有相对较少的关键字，结构简单，以及贴近自然语言的语法，学习起来更加简单。
- 跨平台：Python 是跨平台的，可以在 UNIX、Windows、Linux 和 Macintosh 等平台使用。
- 丰富的库：Python 最大的优势之一就是它丰富的库，很多功能都有现成的库可以调用，大大降低了程序开发的难度。

二、UOS 系统自带的 Python 环境

在 UOS 中已经集成了 Python2 和 Python3，通过"终端"可以查看系统自带的 Python 的一些信息。

（1）单击任务栏上的启动器，进入启动器界面。

（2）上下滚动鼠标滚轮浏览或通过搜索找到"终端"，单击"终端"按钮启动"终端"，如图 17-1 所示。

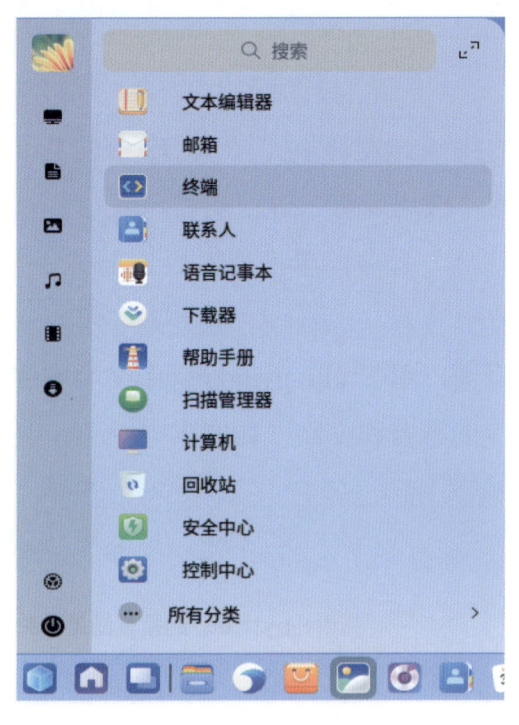

图 17-1 启动"终端"

（3）在终端命令提示符（~$）后键入"python"或"python3"，则进入相应 Python 版本的运行界面，并显示 Python 版本信息。键入"python"进入 Python2 的运行界面，键入"python3"则进入 Python3 的运行界面。

处于 Python 环境时，在命令提示符 >>> 后键入"exit()"命令，可退出当前的 Python 环境，如图 17-2 所示。

图 17-2 用"终端"查看 Python 信息

三、IDLE 安装

IDLE 是 Python 的集成开发环境，在 UOS 中的 Python 没有自带 IDLE，需要另外安装，可使用"应用商店"进行安装。

（1）启动"应用商店"程序，单击搜索栏，输入关键字"idle-python"，单击"搜索"按钮。

（2）在搜索结果页面，单击 idle-python 介绍文字右侧的"安装"按钮，即可进行 idle-python 程序的下载和安装，如图 17-3 所示。

图 17-3　在应用商店中搜索 idle-python 的结果

安装完成后，"安装"按钮变为"打开"按钮，桌面增加了 IDLE（using Python-3.7）快捷方式图标。

四、创建一个 Python 程序实例

双击桌面的 IDLE（using Python-3.7）快捷方式图标，进入"Python Shell"窗口，在该窗口中可以进行一些简短代码的编写和执行，完整 Python 程序的编写需要创建新的程序文件。

例如，创建一个简单的 Python 程序实例，输入自己的姓名，然后在屏幕上输出"姓名＋欢迎使用 Python!"。

（1）选择菜单命令"File"→"New File"或按"Ctrl+N"组合键，创建一个 IDLE 编辑器界面，如图 17-4 所示。

（2）在新建的窗口中编写如图 17-5 所示的代码后，选择菜单命令"File"→"Save"或按"Ctrl+S"组合键，选择保存的位置，输入文件名（如"欢迎使用 Python"，使用默认扩展名 .py）并保存。

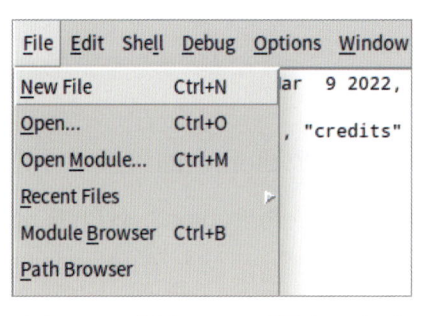

图 17-4 创建 IDLE 编辑器界面

图 17-5 欢迎使用 Python 程序

（3）选择菜单命令"Run"→"Run Module"或按 F5 功能键，运行保存好的程序。

练习：

（1）使用"应用商店"给自己的计算机安装 IDLE。

（2）使用 IDLE 编写一个包含以下代码的程序，调试并运行。

```
Name = input('请输入自己的姓名')
Class = input('请输入自己的班级')
print ('大家好！我是 ',Class,'班的 ',Name)
```

第 18 课
pip 安装及 pip 源配置

一、pip 简介

pip 是 Python 官方推荐的包管理工具，提供了对 Python 包的查找、下载、安装、卸载等功能，属于 Python 的一部分。在 UOS 中的 Python3 不自带 pip，需要单独安装。

二、pip 的安装

（1）启动"终端"，在终端命令提示符（~$）后键入"sudo apt install python3-pip"命令，如图 18-1 所示。

（2）在"请输入密码："提示符后输入系统管理员密码，如图 18-1 所示。

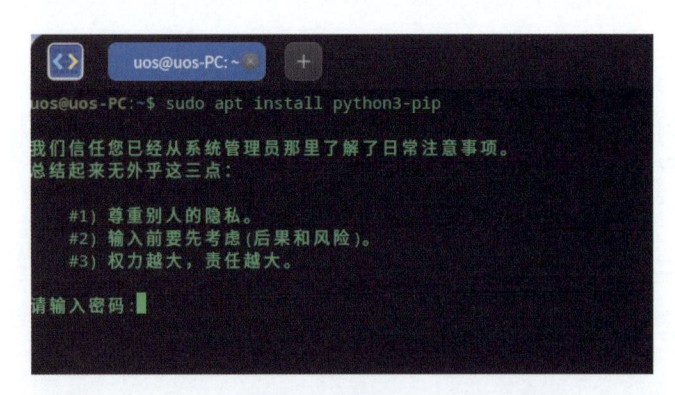

图 18-1　pip 安装步骤（1）（2）界面

（3）在"您希望继续执行吗？[Y/n]"提示符后，键入"Y"，确认安装，如图 18-2 所示。

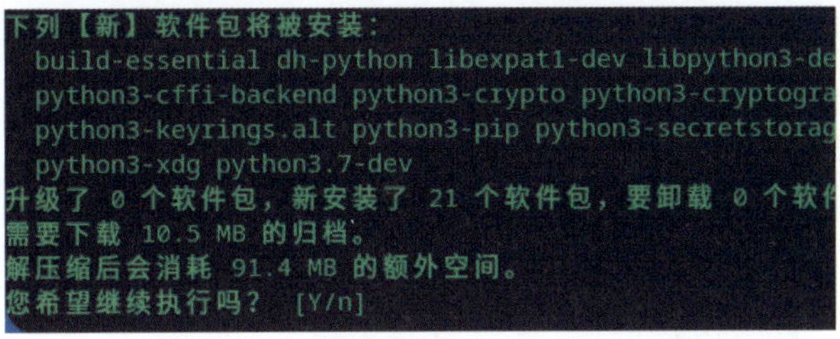

图 18-2　pip 安装步骤（3）界面

（4）安装完成后，在终端命令提示符（~$）后键入"pip3"，可以看到 pip3 相关提示信息，如图 18-3 所示。

图 18-3　pip 安装步骤（4）界面

三、pip 源配置

pip 默认是直接从 pypi 服务器下载库的，但 pypi 服务器在海外，在国内下载速度会比较慢。国内的一些企业、科研机构提供了 pypi 的镜像，我们设置 pip 源从国内的镜像下载，速度会更快。表 18-1 列出了国内的常用 pip 镜像网址。

表 18-1　国内常用的 pip 镜像网址

机构名称	pip 源网址
阿里云	http://mirrors.aliyun.com/pypi/simple/
中国科技大学	https://pypi.mirrors.ustc.edu.cn/simple/
豆瓣网	http://pypi.douban.com/simple/
清华大学	https://pypi.tuna.tsinghua.edu.cn/simple/

下面以配置豆瓣网的 pip 源为例介绍创建 pip 源配置文件的方法，如图 18-4 所示。

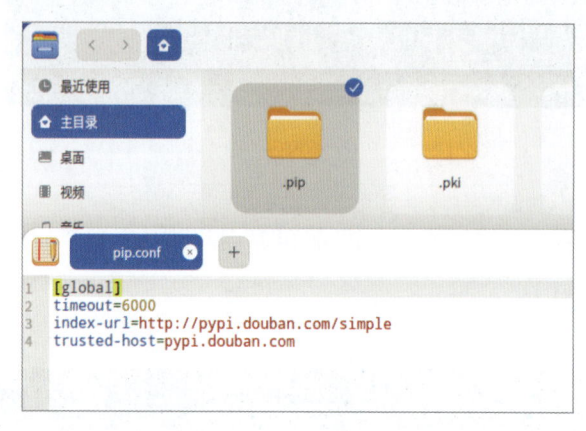

图 18-4　pip 源配置文件夹、文件及代码

（1）在用户的主目录下面创建名为".pip"的文件夹。

（2）在创建好的".pip"文件夹中，使用文本编辑器创建名为"pip.conf"的文件。

（3）在 pip.conf 文件中输入以下内容：

```
[global]
timeout = 6000
index-url = http://pypi.douban.com/simple
trusted-host = pypi.douban.com
```

练习：

给自己的计算机安装 pip，选择一个国内的常用 pip 镜像网址进行 pip 源配置。

第 19 课 常用库安装

一、Python 库的介绍

Python 的一大特色就是拥有强大的库。在 Python 中，库分为 Python 标准库、第三方库和自定义库。标准库是 Pyhon 安装时默认自带的库，如 random、math、tkinter 等。第三方库是由企业、Python 爱好者开发的库，需要另外安装。大部分第三方库的介绍和用法都可以在 https://pypi.org 网站中查看。在 UOS 中，库的安装主要有两种方式，一种是通过 pip 包管理器安装，一种是通过 apt 包管理方式安装。

二、Python 常用第三方库的介绍及安装

1. NumPy 库

NumPy 库是科学计算最常用的库。它提供了强大的 N 维数组对象、复杂的（广播）功能、用于集成 C/C++ 和 Fortran 代码的工具、线性代数、傅里叶变换和随机数等功能。

安装：sudo apt install python3-numpy。

2. pandas 库

pandas 库是数据分析最常用的库。它是基于 NumPy 的一种工具，提供了快速、灵活的数据结构 Series 和 DataFrame，处理大型数据集既简单又高效，常应用于金融、统计学、社会科学、建筑工程等领域。

安装：sudo apt install python3-pandas。

3. Matplotlib 库

Matplotlib 库是数据可视化常用的库。它用于在 Python 中创建静态、动态和交互式可视化图表，可用于创建散点图、等高线图、条形图、柱状图、折线图等。

安装：sudo apt install pyton3-matplotlib。

4.Pillow 库

Pillow 库是 Python3 最常用的图像处理库，提供了简单易用的图像处理功能。在 Python2 中使用 PIL 库，但 PIL 已经不再维护，Pillow 是在 PIL 的基础上开发而来的。

安装：pip3 install pillow。

5. pinpong 库

Arduino、树莓派、掌控版、Microbit 等开源硬件是中小学创客教育中常用的硬件，采用各自的编程方式，给开发和教学带来了很大的困难。借助于 pinpong 库，直接用 Python 代码就能给各种常见的开源硬件编程，让开发者在开发过程中不再被繁杂的硬件型号束缚，而将重点转移到软件的实现上。

安装：pip3 install pinpong。

6. EasyOcr 库

EasyOcr 库是一个文字识别库，支持 80 多种语言的文字识别，印刷文字的识别准确率很高。

安装：sudo apt install python3-easyocr。

7. SpeechRecognition 库

SpeechRecognition 库是一个用于语音识别的库，支持调用谷歌语音识别、微软必应语音识别、IBM 语音识别等引擎进行语音识别。

安装：pip3 install speechrecognition。

8. pyttsx3 库

pyttsx3 库是一个语音合成库，可以将文本合成为语音，它可以离线运行，兼容 Python2 和 Python3。在 UOS 中，pyttsx3 库需要依赖 espeak 库，语音合成的效果比较生硬。

安装：sudo apt install espeak、pip3 install pyttsx3。

练习：

利用互联网了解更多的 Python 常用的第三方库并尝试安装。

第 7 单元
物联网与人工智能应用开发

随着现代科技的发展，人工智能和物联网已经像水和电一样普遍存在于我们的生活中，影响着我们生活的方方面面。人工智能赋予了机器听、说、读、写等感知能力，普遍应用于智慧工业、智慧农业、智慧医疗、智慧城市等相关领域。物联网赋予了万物互联的能力，在各领域发挥着巨大的作用。

在本单元中，通过学习使读者了解开源硬件、传感器、无线通信，初步掌握简单物联网应用的开发技术；了解文字识别、语音识别、语音合成等技术，初步掌握人工智能应用开发技术。

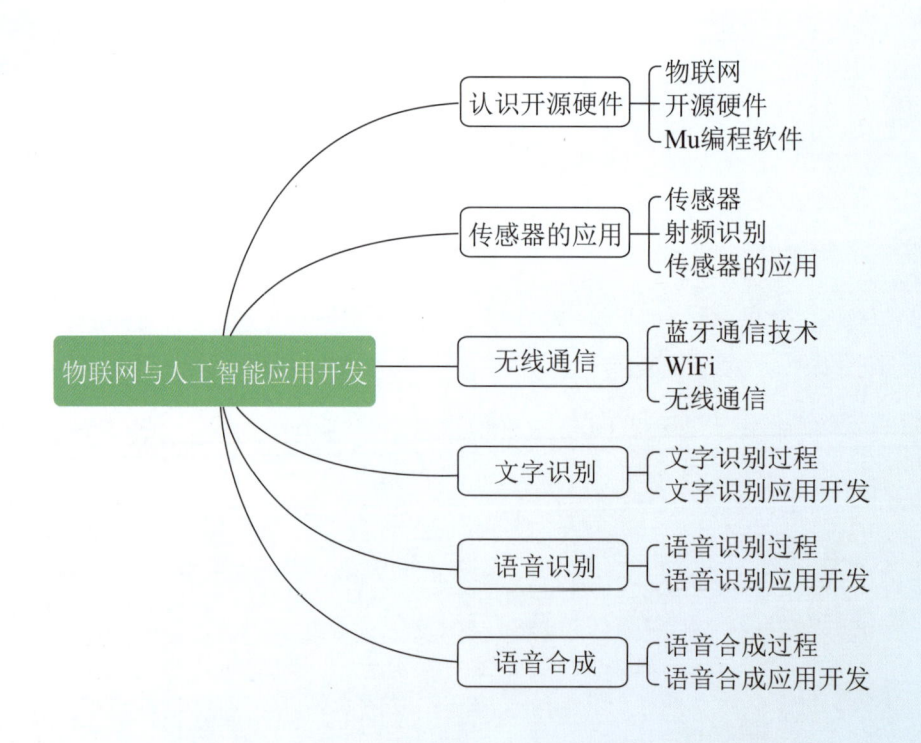

物联网与人工智能应用开发
- 认识开源硬件
  - 物联网
  - 开源硬件
  - Mu编程软件
- 传感器的应用
  - 传感器
  - 射频识别
  - 传感器的应用
- 无线通信
  - 蓝牙通信技术
  - WiFi
  - 无线通信
- 文字识别
  - 文字识别过程
  - 文字识别应用开发
- 语音识别
  - 语音识别过程
  - 语音识别应用开发
- 语音合成
  - 语音合成过程
  - 语音合成应用开发

第 20 课 认识开源硬件

随着互联网技术和传感技术的快速发展，其应用也越来越广泛，在家居、医疗健康、教育、金融与服务业、旅游业等与我们生活息息相关的领域的应用，大大提高了人们的生活质量。

一、物联网

物联网，英文简称为 IOT（Internet of Things），是指将各种信息传感设备与互联网相结合所形成的网络，其目的是让所有的物品都能够远程感知和控制，并与互联网结合成一个更加智慧的生产生活体系。物联网系统由感知层、网络层和应用层构成。

二、开源硬件

开源（Open Source）全称为开放源代码。用户可以在源代码的基础上修改和学习，但开源系统同样也有版权，同样也受到法律保护。

好搭掌控是一款入门级的开源硬件，同时也兼容掌控板。板载一个 OLED 屏幕，能实现中英文、数字、图案的显示，集成加速度传感器、光线传感器、蜂鸣器、按键开关、触摸开关等模块，可以实现物联网应用，并能支持多种图形化编程方式及 Python 代码编程，同时也支持无线下载模式。

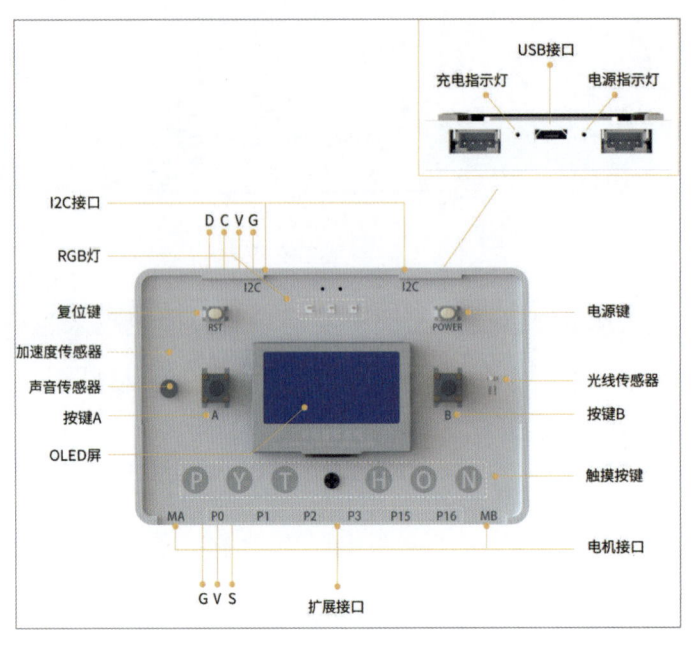

图 20-1　好搭掌控板

三、Mu 编程软件

Mu 是一个面向初学者的 Python 编辑器，它能兼容 micro:bit、掌控板、乐高 Spike、树莓派等硬件，如图 20-2 所示。

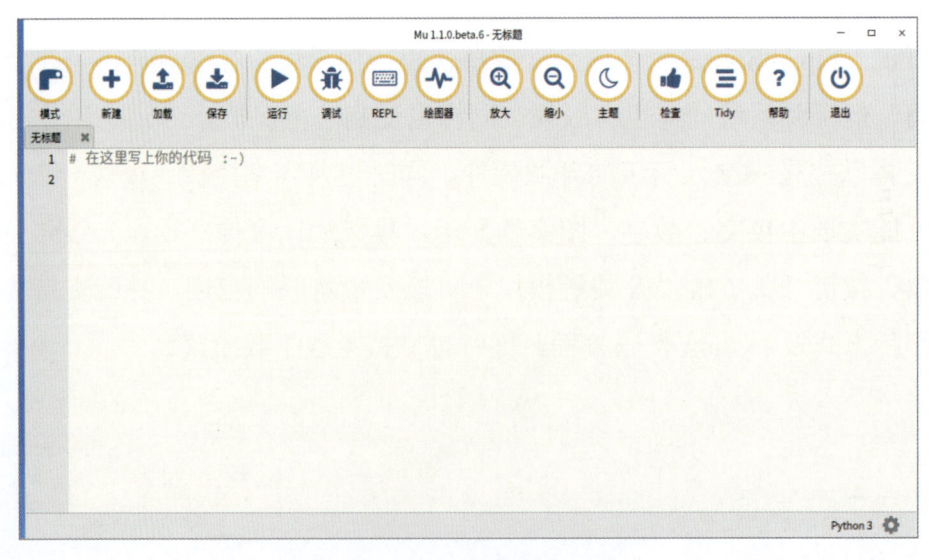

图 20-2　Mu 编程软件界面

1. 连接掌控板

在 UOS 中找到并打开 mu（root）程序，单击软件中的"模式"按钮，选择"ESP MicroPython"模式，如图 20-3 所示。然后用数据线连接好搭掌控板，软件右下角有提示连接成功的图标。

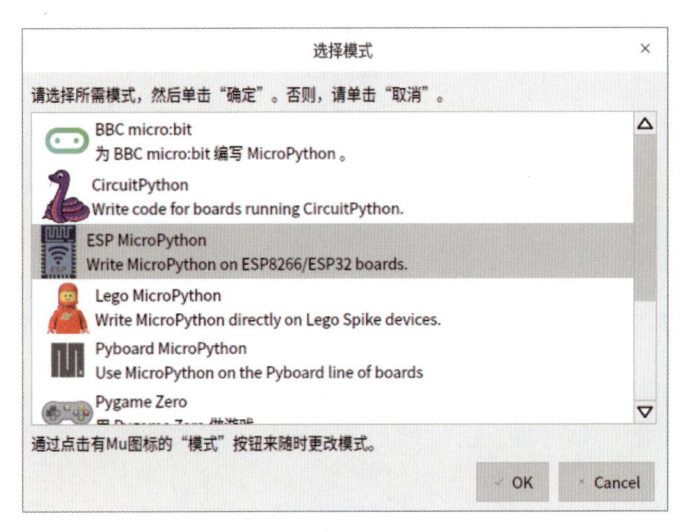

图 20-3　Mu 软件模式选择界面

2. 编写程序

尝试编写代码，在好搭掌控板上显示文字，如图 20-4 所示。

```
1  # 在这里写上你的代码 :-)
2  from mpython import *
3
4  oled.fill(0)
5  oled.DispChar("你好，世界", 35, 0, 1)
6  oled.DispChar("Hello, world!", 26, 16, 1)
7  oled.show()
```

图 20-4　显示文字程序代码

3."烧录"程序

单击"运行"按钮，将程序上传到好搭掌控板，在软件的"REPL"界面中会显示程序运行状态，而在掌控板的 LED 屏上会显示函数 oled.show() 的运行结果，如图 20-5 所示。

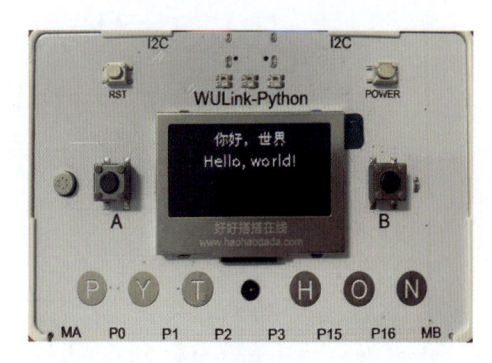

图 20-5　好搭掌控板文字显示

练习：

尝试编写以下两段代码，看看在好搭掌控板上会显示什么？

```
(1) from mpython import *
    oled.circle(64, 32, 10, 1)
    oled.circle(64, 32, 15, 1)
    oled.show()
(2) from mpython import *
    import music
    music.play('C4:4')
    music.play('D4:4')
    music.play('E4:4')
    music.play('F4:4')
    music.play('G4:4')
    music.play('A4:4')
    music.play('B4:4')
```

第 21 课 传感器的应用

在物联网的环境中,感知层的大量数据主要来源于传感器和识别设备的信息收集,通过传感器捕捉状态、RFID 标签显示身份,最终实现识别物体、采集信息的目的。

一、传感器

传感器是一种能将感应到的信息按一定规律转换成可输出电信号的器件或装置。传感器就好比人的眼耳口鼻,不同的传感器可以采集不同的信息。因此,传感器是整个物联网系统工作的基础。

常见的传感器包括光敏传感器、声敏传感器、超声波传感器、红外传感器、热敏传感器、气敏传感器等。

二、射频识别

让每一件物品都拥有自己"身份证"的电子标签和无线射频识别技术是物联网的关键技术之一。采用 RFID 技术的标签称为电子标签,电子标签通过无线射频识别通信技术实现数据的传递。电子标签具有非接触、速度快、批量读取和长期跟踪管理等特点。高速公路出入口的 ETC 不停车收费系统就是应用了电子标签,如图 21-1 所示。

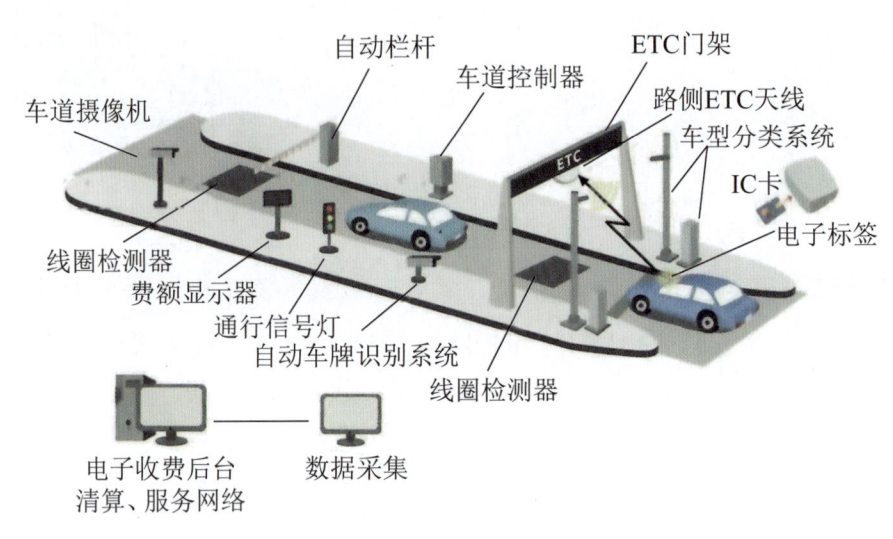

图 21-1　ETC 不停车收费系统

三、传感器的应用

传感器的应用非常广泛，在我们日常生活中也有各种应用。比如楼道上的感应灯、家中的扫地机器人、宾馆门口的自动门，还有我们平时用的手机、汽车里都有各种各样的传感器。

我们可以利用传感器解决一些简单的应用问题，如利用温湿度传感器和一些开源硬件，实现对环境温湿度的监测。以好搭掌控板为例，利用其内置的温湿度传感器，实时获取当前的环境温度和湿度，方法如下。

（1）通过数据线连接温湿度传感器（DHT11）与好搭掌控板 P0 端口。

（2）通过 USB 连接线将好搭掌控板连接到计算机。

（3）打开 Mu（root）编程软件，选择"ESP MicroPython"模式连接好搭掌控板。

（4）在编辑界面中输入如下代码：

```
from mpython import *
from machine import Timer
import dht
```

```
dht11 = dht.DHT11(Pin(Pin.P0))
tim13 = Timer(13)
def timer13_tick(_):
   try: dht11.measure()
   except: pass
tim13.init(period=1000,mode=Timer.PERIODIC, allback=timer13_tick)
while True:
   oled.fill(0)
   oled.DispChar(' 温度：', 0, 16, 1)
   oled.DispChar((str(dht11.temperature())), 32, 16, 1)
   oled.DispChar(' 湿度：', 0, 32, 1)
   oled.DispChar((str(dht11.humidity())), 32, 32, 1)
oled.show()
```

（5）单击"运行"按钮，查看 OLED 屏幕显示的温湿度数据，如图 21-2 所示。

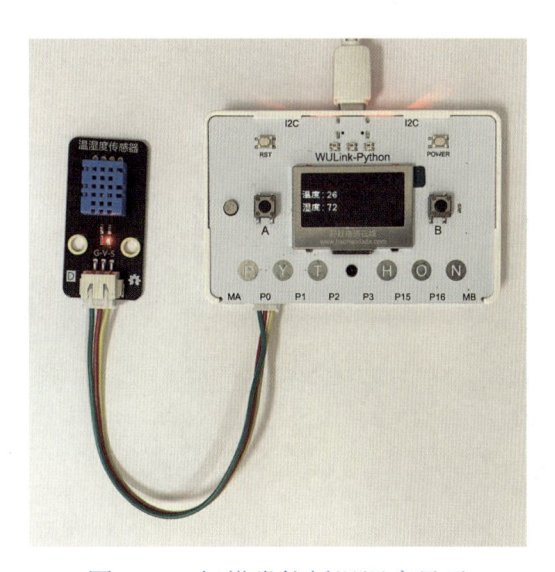

图 21-2　好搭掌控板温湿度显示

练习：

尝试并体验利用其他传感器获取相应的数据，如人体红外感应模块、光敏传感器、土壤湿度传感器等。

第 22 课
无线通信

在物联网中，网络层的传送方式分为有线传输和无线传输两大类。在无线数据传输中，我们通常用蓝牙、WiFi、4G、5G 等通信技术，这些技术加速了设备与人类之间的互联步伐，使我们的生活更具智能化。

一、蓝牙通信技术

蓝牙（Bluetooth）是一种短距离无线通信技术的标准。它具有功耗低、速度快、连接稳定可靠等特点，被广泛应用于手机、计算机、智能手环、耳机等，如图 22-1 和图 22-2 所示。

图 22-1　智能手环　　　　　　图 22-2　蓝牙耳机

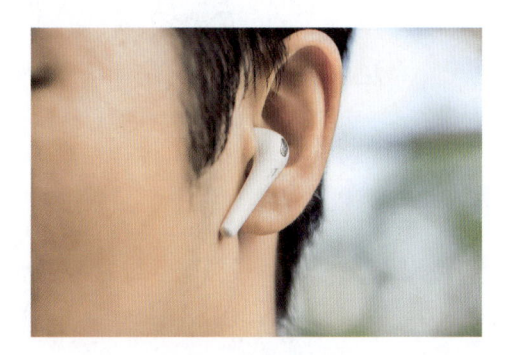

蓝牙设备使用前需要配对建立通信联系，一个蓝牙主设备可匹配一个或多个从设备。例如，通过智能手环，用户可以记录日常生活中的行走步数、运动时间、人体能量消耗等，通过蓝牙与智能手机进行通信和数据同步，同时蓝牙耳机也与智能手机建立连接拨打或接听电话、听音乐等。

二、WiFi

WiFi 是一个创建于 IEEE 802.11 标准的无线局域网技术。通过无线网络上网可以简单地理解为无线上网，几乎所有智能手机、平板电脑和笔记本电脑都支持 WiFi 上网，是当今使用最广的一种无线网络传输技术，如图 22-3 所示。

图 22-3　WiFi 无线传输技术运用

三、无线通信

在物联网中，传感器在采集数据后需要将数据传送到数据中心，数据中心处理后才能实现物联网。在物联网的传感设备中都会配备蓝牙、WiFi 等通信模块，利用这些通信模块实现数据传送。

接下来，我们以好搭掌控板为例，在掌控板的 LED 屏上显示 WiFi 连接后的 IP 地址，在编辑界面中输入如下代码：

```
from mpython import *                              # 引用mpython库
import network                                     # 导入network模块
my_wifi = wifi()
my_wifi.connectWiFi('my_wifi', '1234')             # 设置WiFi名称及密码
import time                                        # 导入time模块
while True:
    oled.fill(0)
    oled.DispChar(my_wifi.sta.ifconfig()[0], 0, 0, 1)
    oled.show()
    time.sleep(1)
```

练习：

制作一款"电子表"，来测试一下 WiFi 模块，在好搭掌控板的 LED 屏上显示当前时间，如图 22-4 所示。在此练习中需要导入 network、time、ntptime、framebuf 模块及设置网络同步授时服务器（time.windows.com）。

图 22-4 好搭掌控板电子表应用

第 23 课 文字识别

文字识别（OCR）可以将图片中的文字信息转换为可编辑文本，已广泛应用于生活各处：在小区门口，文字识别用于识别车牌，小区的车闸根据车牌信息自动抬放；在教育行业，文字识别用于识别试题和答题信息，做到自动批改；在金融、医疗保险行业，文字识别用于识别身份证件、票据，提高了信息录入的效率，减少了差错；在物流行业，文字识别用于识别物流单号，可以快速提取客户的信息，提高了快递的分发效率。

一、文字识别过程

文字识别是一个复杂的过程，一般需要经过图像获取、图像处理、字符识别、后处理等步骤，如图 23-1 所示。

1. 图像获取

第一步先获取文字图片。

2. 图像处理

图像处理一般需要经过灰度化、二值化、降噪、倾斜矫正、文字切分等子步骤。

图 23-1 文字识别过程

（1）将图像去色，变成灰色的图像。

（2）使用相关算法计算出阈值，将图像中低于阈值的部分变成白色，高于阈值的部分变成黑色，做到背景和文字分离。

（3）二值化过程中还存在一些噪点，如背景没有全部变成白色，出现了零星的黑点，降噪就是最大程度地去除噪点。

（4）获取的图像不一定是水平的，需要将文字旋转成水平的。

（5）定位文字区域，将文字切分成一个个的单字符。

3. 字符识别

提取文字特征，送入用神经网络训练好的分类器，由分类器识别字符。

4. 后处理

字符识别的结果可能有错误，需使用语义理解进行调整，如"金"可能会被识别成"全""金"，结合后面两个字符，由程序对比"全华市"和"金华市"，程序最终会识别为"金华市"。

二、文字识别应用开发

在 Python 中有很多文字识别的库可用，如 EasyOcr、pyTesseract、PaddleOCR 等，调用这些库，只需几行代码便可开发一个文字识别的应用。本课调用 EasyOcr 来开发文字识别应用。

1. 安装 EasyOcr 库

```
sudo apt install python-easyocr
```

2. 下载 EasyOcr 离线识别模型

到 EasyOcr 的官方网站下载 zh_sim_g2、english_g2、CRAFT 模型文件，解压后复制到用户主目录的".EasyOcr/model"目录下。

3. 编写程序

```python
# 导入easyocr
import easyocr
# 创建reader对象，识别简体中文和英语
reader = easyocr.Reader(['ch_sim', 'en'], gpu=False)
# 读取图像识别文字，不输出坐标等信息
result = reader.readtext(r'text.png', detail=0)
# 打印识别出的文字
print(result)
```

练习：

（1）准备一些包含文字的图片，到人工智能开放平台体验文字识别，并思

考影响文字识别准确率的因素。

（2）修改程序，实现用户输入图片的路径，识别输出文字。

知识链接：

国内各大互联网公司都有人工智能开放平台，提供人工智能应用的体验，如百度AI开放平台、阿里灵杰开放平台、讯飞AI开放平台、腾讯AI开放平台等。

第 24 课
语音识别

语音识别（ASR）以语音为研究对象，通过语音信号处理和模式识别让机器自动识别人类口述的语言。语音识别的形式主要有语音听写、语音转写、语音交互等，已广泛地应用在学习、工作和生活中，如语音输入、自动会议纪要、语音助手等。

一、语音识别过程

语音识别一般会经过信号预处理、特征提取、模式匹配等环节，如图24-1所示。

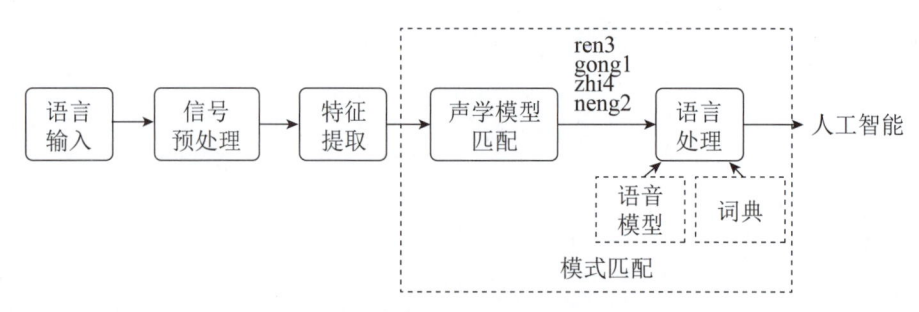

图 24-1　语音识别过程

1. 信号预处理

使用麦克风等设备对声音进行数字采样，然后对采样后的音频进行预处理。预处理包括使用端点检测切除首尾的静音部分、降噪、消除录制声音时的杂音、回声等。得到一个比较干净的音频后，将音频分成一小段一小段的，每一小段称为一帧，一般一帧为25ms。

2. 特征提取

分帧后，语音就变成了很多小段，需要将波形作变换。常见的一种变换方法是提取 MFCC 特征，根据人耳的生理特性，把每一帧波形变成一个多维向量，可以简单地理解为这个向量包含了这帧语音的内容信息，如图 24-2 所示。

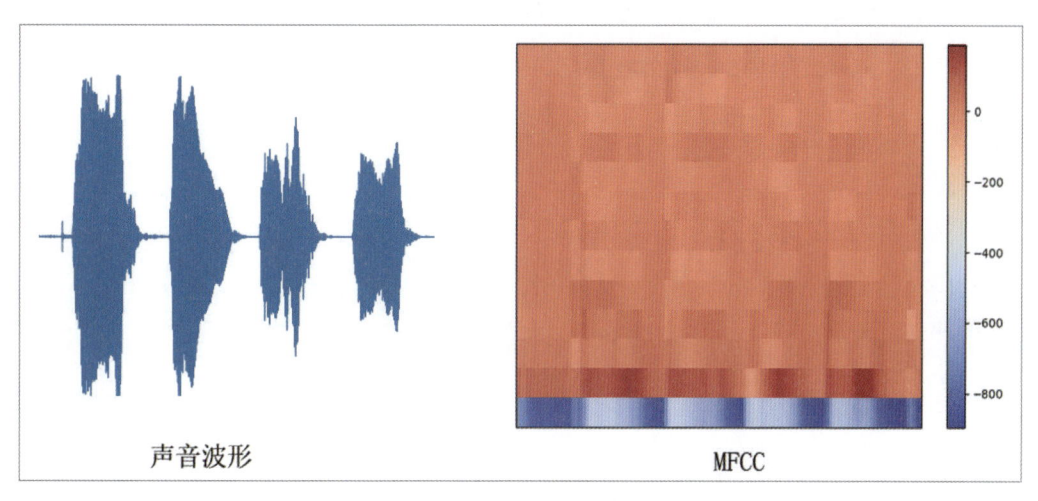

图 24-2　声音波形和 MFCC 特征

3. 模式匹配

首先将提取的特征向量在声学模型中进行比对，得到一组音素序列。然后根据音素序列在发音字典中找到对应的字符。在汉语中，一个音素序列往往对应很多同音字，如"ren"对应"人""仁"等。最后比对语言模型，找出出现概率最大的字符序列并输出。

声学模型可以理解为是对发声的建模，它能够把语音输入转换成声学表示的输出。在英文中这个声学符号就是音节，在中文中这个声学符号就是声韵母。语言模型表示某一组字序列发生的概率，是对一组字序列构成的知识表示。它的作用之一是消解多音字的问题，在声学模型给出发音序列之后，从候选的文字序列中找出概率最大的字符串序列。

二、语音识别应用开发

语音识别技术已经比较成熟，百度、科大讯飞等互联网公司都开放了语音识别能力，我们可以直接调用它们的相关接口来进行语音识别。调用各公司的开放能力时都需要注册账号，下面我们讲解一个不需要注册账号进行语音识别的例子。SpeechRecognition 模块是一个使用比较简单的模块，提供了调用微软语音识别、Google 语音识别等进行语音识别的能力。

1. 安装 SpeechRecognition 库

```
pip3 install speechrecognition -i https://tuna.tsing.edu.cn/simple/
```

2. 编写程序

```python
# 导入 SpeechRecognition 库
import speech_recognition as sr
# 建立识别器
r = sr.Recognizer()
# 导入语音文件
test = sr.AudioFile('语音识别概念.wav')
with test as source:
    audio = r.record(source)
# 使用 Google 的识别能力识别语音
c = r.recognize_google(audio, language='zh-CN')
# 输出识别结果
print(c)
```

3. 问题

使用时可能会出现"recognition connection failed: [Errno 101] Network is unreachable"的错误，出现此错误是因为网络的原因，可以将 SpeechRecognition 模块的"__init__.py"（.local/lib/python3.7/site-packages/speech_recognition/）文件中 Google 公司的网址 www.google.com 改为 www.google.cn。

练习：

（1）录制一些语音文件，查看识别情况，并思考影响语音识别准确率的因素。

（2）搜索 SpeechRecognition 模块的使用方法，修改程序，实现使用麦克风录音，识别输出文字。

第 25 课
语音合成

语音合成（Text To Speech，TTS）将文本转化成拟人化语音，广泛应用于智能客服、有声阅读、新闻播报、出行导航、人机交互等生活场景。

一、语音合成过程

语音合成的目标是将文字转换成相对应的声音波形。传统的语音合成技术一般经过文本分析和波形生成两个阶段。

1. 文本分析

文本分析的目标是将文字转换成相对应的音素，对于普通话来说，就是将文本转换成带声调的拼音。一般需经过分词、词性预测、多音字消歧、韵律预测等步骤。例如，合成"语音合成将文本转换成拟人化语音"这一句话，最终生成对应的拼音，并分析出停顿、重读等韵律因素，转换后的拼音如下："yu3yin1he2cheng2jiang1wen2ben3zhuan3huan4cheng2ni3ren2hua4yu3yin1"。

2. 波形生成

波形生成一般分为基于统计参数建模的语音合成和基于单元挑选和波形拼接的语音合成两种技术。两种技术都需要事先训练声学模型。

基于参数建模的语音合成根据文本分析的结果，生成语音学特征，比对训练好的声学模型，最终通过声码器生成语音波形。以前主要通过隐马尔可夫模型来做统计建模，现在主要使用神经网络技术。

基于单元挑选和波形拼接的语音合成，根据文本分析的结果，从事先录制好的语料库中挑选合适的波形单元，然后将波形拼接，形成完整的波形。

二、语音合成应用开发

pyttsx3 是 Python 中的语音合成库，它可以脱机工作，下面我们使用它来开发我们的语音合成应用。

1. 安装 pyttsx3 库

```
sudo apt install espeak
pip3 install pyttsx3
```

2. 编写程序

```python
# 导入 pyttsx3 库
import pyttsx3
# 初始化
engine = pyttsx3.init()
# 设置语言为中文
engine.setProperty('voice', 'zh')
# 设置播放速度
engine.setProperty('rate', 125)
# 设置音量
engine.setProperty('volume',1.0)
# 合成并阅读语音
engine.say(" 随着现代科技的发展，人工智能已经像水和电一样，普遍存在于我们的生活中，影响着我们生活的方方面面。")
engine.runAndWait()
```

练习：

将同一个句子用本课的程序进行合成和用开放平台提供的语音合成功能进行合成，对比合成效果，并思考是什么导致了合成效果的不同。